S0-ADZ-476

X avier Girard est
conservateur du
musée Matisse, à Nice.
Professeur d'histoire de
l'art à l'université de
Nice, il fut critique d'art
dans les revues *Art Press,
Art Forum, Galeries
Magazine* et commissaire
d'expositions d'art
contemporain dans les
musées français et
étrangers. Auteur de
monographies consacrées
à la peinture et à la
sculpture européennes, il
crée en 1986 la collection
des *Cahiers Henri
Matisse* (dix numéros
parus). Organisateur d'un
colloque dédié à Matisse
(1987), il réalise des
expositions Matisse dans
plusieurs villes de
France, ainsi qu'en Italie,
Suisse et Japon, et met
en œuvre la rénovation
et l'agrandissement du
musée Matisse.

*Tous droits de traduction
et d'adaptation réservés
pour tous pays*
© Gallimard 1993
© Succession H. Matisse pour
les oeuvres d'Henri Matisse

*1er dépôt légal: février 1993
Dépôt légal: mars 1993
Numéro d'édition: 65148
ISBN: 2-07-053221-6
Imprimé en Italie*

MATISSE
«UNE SPLENDEUR INOUÏE»

Xavier Girard

DÉCOUVERTES GALLIMARD
PEINTURE

« **L'** histoire de ma vie est sans événements marquants : je peux vous la raconter très brièvement. Je suis né le dernier jour de 1869 au Cateau-Cambrésis (Nord). Mes parents, commerçants aisés, voulaient que je sois homme de loi et de dix-huit à vingt-deux ans, j'essayai très honnêtement d'être un clerc d'avoué à Saint-Quentin » (lettre à Franck Harris, 1921).

CHAPITRE PREMIER
« LA RÉVÉLATION DE LA VIE DANS L'ÉTUDE »

Le paysage est, pour Matisse, une forme de peinture d'*intimité*, ainsi ce *Paysage* (à gauche) peint sur le motif « de sentiment ». C'est parce qu'elle est un paysage intensif – et non un froid dessin d'Académie (ci-contre) – que la figure le supplantera bientôt.

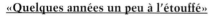

«Mais il y avait dans cette ville une école de broderie sur tissu fondée par Quentin La Tour, et j'étais tellement attiré par la peinture et le dessin que je me levais tous les matins, même en hiver, pour suivre les cours, de 7 à 8 heures. A la longue, mes parents ont consenti à ce que j'abandonne le Droit et aille à Paris pour étudier la peinture» (à Franck Harris).

Matisse ne fera jamais plus ample commentaire sur sa vie. S'il a beaucoup à nous dire – et s'exprime plus souvent qu'aucun peintre au XXᵉ siècle par ses écrits et propos –, ce n'est pas pour nous entretenir de ses goûts, de son caractère et de ses détours, mais de l'œuvre d'art et de sa méthode créative.

«Quelques années un peu à l'étouffé»

Henri Emile Benoît Matisse naît à huit heures du soir, au Cateau-Cambrésis, dans la maison des grands-parents maternels, le 31 décembre 1869, à la veille de l'«Année terrible». Fils d'Emile Hippolyte Henri Matisse et d'Anna Eloïse Gérard, commerçants en grains et marchands de couleurs à Bohain-en-Vermandois, c'est dans cette petite localité, voisine du Cateau, que Matisse passe son enfance.

«Fils d'un marchand de grains et devant succéder à son père» (*Message à ma ville natale*, 1952), Matisse ne s'opposera pas aux volontés paternelles jusqu'à ce qu'une crise d'appendicite change le cours de sa vie. L'hostilité que lui manifestera son père ne suscitera pas plus d'explications.

De ses études au collège de Saint-Quentin, Matisse ne trahit aucun souvenir. Et s'il montra au lycée, de 1882 à 1887, «quelques facilités au cours de dessin» (*Message à ma ville natale*, 1952), c'est «sans idée de peinture alors» (à Pierre Courthion, 1941). Mais il y obtint avec son camarade Emile Jean (qu'il devait

Cette image de famille devant la maison «Matisse-Gérard» est l'une des rares illustrations de l'enfance de Matisse. Au cours d'une conversation avec le peintre, le père Couturier notera en 1952 : «Le souvenir de son père qu'il a fait souffrir et qui n'a jamais eu confiance en lui l'émeut toujours». On peut imaginer aisément les âpres «conversations» que durent tenir les Matisse-Gérard à son sujet. Bien qu'il ne fût pas toujours d'accord avec les siens : «Tout ce que j'ai fait, confiera-t-il au religieux, vient de mes auteurs, gens modestes et francs du collier.»

retrouver à l'Ecole des Beaux-Arts) un premier prix de dessin suffisamment mémorable pour le mentionner en 1952.

Muni de sa capacité en droit, le «petit diplôme» qu'il était venu chercher à Paris, Matisse entre en 1889 au cabinet de maître Derieu, place du Marché Couvert à Saint-Quentin. Il passera là «quelques années un peu à l'étouffé» que ses «fragilités de santé», une appendicite chronique, interrompront de loin en loin.

EssitaM. H.

C'est au cours d'une assez longue convalescence passée à Bohain, chez l'un de ses oncles, après avoir subi une opération du cæcum, qu'il fait la découverte de la peinture. Sésame définitif. Il a vingt et un ans. Matisse est né.

Cette aquarelle d'iris sur une page d'écriture notariée a été probablement réalisée alors que Matisse suivait les cours de la Fondation Quentin-La Tour à la fin des années 1880. De tous les motifs, la fleur – sa floraison (semblable à celle de l'œuvre elle-même) – est l'un des plus agissants. «Les fleurs, dira-t-il à Ragnar Hoppe, me donnent souvent des impressions de couleurs qui restent marquées de façon indélébile sur ma rétine, comme au fer rouge.»

Issue d'une vieille famille cambrésienne de gantiers et de tanneurs, la mère de Matisse (ci-contre avec son fils) «avait un visage aux traits généreux qui portait la distinction profonde des Flandres françaises» (préface à *Portrait*, 1954). C'est elle qui, dans la boutique familiale, tient le rayon couleurs ; elle aussi probablement qui lui transmettra le goût des chapeaux et des fleurs – dont elle ornait les faïences – et des arts décoratifs.

Sur les conseils d'un voisin, le directeur d'une fabrique de tissus qui s'applique à reproduire des paysages figurés dans un manuel de peinture, il recopie à son tour, aussi scrupuleusement qu'un acte notarié, à l'aide d'une boîte de couleurs que lui a achetée sa mère, un *Moulin à eau* et l'*Entrée d'un village*. Il réalisera de même en juin 1890 sa première *Nature morte aux livres*

qu'il appellera «mon premier tableau». La réplique est si exacte qu'il la signe de l'anagramme de son nom EssitaM. H.

Les livres des commencements : là, le *Droit* s'écrit, mais aussi la peinture. Ils désignent dans le «premier tableau» (ci-dessus) l'instrument qui le rend possible.

De retour chez maître Derieu, il recopie sur le papier vergé des «conclusions grossoyées» les *Fables* de La Fontaine qu'il ornemente de fleurs et de visages, comme il le fera dans ses livres.

Chaque matin, Matisse se rend au cours de dessin de la Fondation Quentin-Latour. A midi, il peint «environ une heure avant de rentrer à l'étude à deux heures.» Enfin, «après la journée d'étude (six heures du soir)», il retourne au plus vite à sa chambre «pour y peindre jusqu'à la nuit.» Il multiplie les visites au musée Lécuyer, dont les portraits au pastel de Latour faisaient la célébrité, et dans les musées de Lille, Cambrai, Arras, où il découvre Goya, Rembrandt et les écoles du Nord, dessine des académies mais aussi des ornements que la

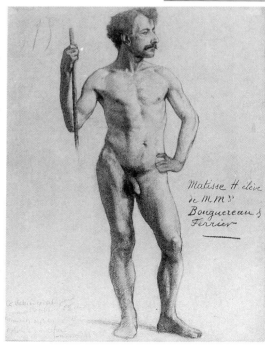

Matisse H. élève de MM? Bouguereau & Ferrier

Fondation propose pour modèles aux futurs créateurs de rideaux et de tissus.

Durant cette même période, il décore les plafonds de la salle à manger de l'oncle Emile Gérard, au Cateau, dont il concevra le mobilier et qu'il ornera de copies réalisées au Louvre quelques années plus tard.

De santé encore fragile, il échappe à la conscription. Désormais, dit-il à Maurice Raynal : «J'étais tout à fait libre, seul, tranquille, tandis que j'étais toujours un peu anxieux et ennuyé par les diverses choses que l'on me faisait faire.» A l'automne 1891, il est à Paris. Une lettre de recommandation d'un peintre de Saint-Quentin «qui peignait des poules et des poulaillers», l'introduit chez Bouguereau.

Emile Jean et Jean Petit, photographiés à l'Académie Julian aux côtés de Matisse, forment le premier cercle de ces amis auquel Matisse vouera durant ses années d'études un véritable culte. C'est à cette «famille» qu'il pensera le plus souvent. Le traitement auquel il soumet alors son dessin (page de gauche) est tout à fait conforme aux leçons de l'académisme.

«Tu crèveras la faim»

Le 5 octobre 1891, malgré les exhortations paternelles, Matisse s'inscrit à l'Académie Julian qui avait vu partir l'année précédente son massier Sérusier et les nabis : Roussel, Vuillard, Piot, Denis et Bonnard dont il fera la connaissance à la galerie Le Barc de Boutteville.

Il dispose d'une pension mensuelle de cent francs qui suffit à peine à le nourrir. Bouguereau l'accueille, entouré de ses élèves, devant la troisième réplique de son tableau intitulé *Le Guêpier*. «A la première leçon, Bouguereau m'a fait un crime de ce que j'essuyais un fusain avec le doigt, de ce que mon dessin était mal placé dans ma feuille» (à Pierre Courthion), bref qu'il ne saurait jamais dessiner faute de pouvoir «tenir un crayon» et d'apprendre la perspective. Les corrections de Gabriel Ferrier, qui lui enseigne le modèle vivant, ne sont guère plus concluantes.

C'est pourtant comme élève de Bouguereau et de Ferrier qu'il se présentera, sans succès, en février 1892 au concours d'entrée à l'Ecole des Beaux-Arts. C'est encore, probablement, sur les conseils de ses professeurs, qu'il s'inscrit cette même année au cours du soir de l'Ecole des Arts décoratifs «pour suivre un cours de géométrie descriptive pour le professorat de dessin», obsédé à l'idée de devoir reprendre, en cas d'échec, le cours de sa vie précédente. Là, il rencontre Albert Marquet auquel l'attachera une longue amitié.

Matisse est alors, contradictoirement, un élève encore appliqué au dessin à l'ancienne, un «humble écolier» voulant croire aux règles de l'Ecole et un homme libre, «rougissant de ses pères», comme le héros du roman de Barrès.

Le maître admirable

Lorsqu'il entre dans l'atelier de Gustave Moreau en élève libre à la fin de l'année 1892, Matisse découvre à l'intérieur de l'Ecole le milieu symbolique où les deux aspects de sa personnalité – le *romantique* et le

Une cohorte cultivée jusqu'au byzantinisme» (Vauxcelles). Tel apparaît dans les années 1890 l'atelier de Gustave Moreau aux Beaux-Arts, par contraste avec le reste de l'école : «une usine à fabriquer des prix de Rome». Parmi les élèves du «dévoué patron» se trouvent, outre Matisse, Marquet, Manguin, Rouault, Flandrin, Piot, Bussy, Camoin, Evenepoël et Desvallières.

❝ Il faudrait supprimer le séjour à l'école pour un long séjour au jardin zoologique. Les élèves y apprendraient là, dans l'observation constante, des secrets de vie embryonnaire, des frémissements. Ils acquerraient peu à peu ce fluide que les vrais artistes arrivent à posséder. ❞
À André Verdet, 1952

scientifique qui se partagent en lui – seraient
momentanément réunis.

Contrastant avec l'«atmosphère terrifiante»
qu'avaient dénoncée les impressionnistes, l'atelier
Moreau frappait d'abord par le «doux rayonnement
intellectuel» (Rouault) que le «charmant maître, avec
sa barbe blanche, sa figure souriante, ses yeux petits

C et *Atelier* de 1899
est peint dans les
couleurs brillantes du
«proto-fauvisme». La
permanence du modèle
et de l'atelier y est
représentée comme
une leçon inachevée.

et très vifs, son extérieur bon enfant», (Evenepoël) avait créé autour de lui.

Au moment où Matisse s'applique à dessiner selon la méthode descriptive et le traitement sélectif, «froidement conscient» du modèle que lui enseigne l'Académie, Moreau le rappelle au *disegno interno* de la tradition maniériste, revisitée par le symbolisme.

Très tôt cependant, il s'agira d'accorder l'observation aux qualités idéales de la *maniera serpentinata*, le sens réaliste du modèle et l'amour de l'arabesque. La dette qu'il reconnaîtra toujours à l'égard de l'antique témoigne de cette dualité. Un jour de 1926, il fera observer à son fils Jean : «Je regrette que tu ne veuilles pas dessiner d'après l'antique où tu trouveras la forme avec ses trois dimensions et sa plénitude.»

A la sécheresse sarcastique des professeurs, Moreau oppose une ferveur

La copie (en bas) de *La Raie* d'après Chardin (ci-dessous), peinte entre 1899 et 1904, marque le passage définitif des copies d'étude aux copies libres que Matisse réalisera désormais à partir de ses propres œuvres.

« C'est extrêmement compliqué, dira Matisse à Pierre Courthion du tableau de David de Heem (ci-dessus) dont il réalise la copie (à gauche). On dirait que c'est peint à la loupe. Il y a des choses dont le détail est poursuivi à l'infini. Alors je me suis mis de l'autre côté de la salle et j'ai fait mon travail comme si j'avais peint d'après nature. » La copie donnera son thème à l'immense variation peinte « selon la méthode de construction moderne » en 1915.

contagieuse et sans limite : «Lui au moins, dira Matisse, était capable d'enthousiasmes et même d'emballements.» En chacun de ses élèves, Moreau, «le plus maître et le moins professeur» (Rouault), reconnaissait un chercheur dont les spéculations devaient échapper à l'idée que l'Ecole, les maîtres et *a fortiori* lui-même se faisaient de l'art.

Pièce indispensable de ce nouvel apprentissage : la copie. Pendant que Marquet exécute des études d'après Poussin, Chardin, Vélasquez et Claude Lorrain, qu'Evenepoël réplique à Botticelli, Tintoret et Rembrandt, il choisit de reproduire d'abord (ce qui n'était pas nouveau) des natures mortes de Chardin d'après lesquelles il réalisera pas moins de cinq tableaux.

La copie d'après l'ancien

Le choix de Chardin, que les Goncourt avaient remis à l'honneur quelque quarante ans auparavant et que Matisse put voir au musée de Lille mais aussi à la galerie Georges-Petit en 1892, n'a rien de surprenant. Matisse est en terrain connu. La «gravité substantielle» de ses tableaux et leur «dévotion à l'objet» (Gide) emportent son adhésion immédiate. Chardin n'est-il pas le continuateur des Nordiques ? Ne réalise-t-il pas, comme il s'y emploiera lui-même, des «mariages d'objets», disposés sans théorie, pour une œuvre de contemplation pure? Ce qu'il cherche alors, «ce sont des dégradations de tons dans la gamme argentée, chère aux maîtres hollandais, c'est la possibilité d'apprendre à faire chanter la lumière dans une harmonie assourdie, et à serrer au mieux les valeurs».

En réalisant quelques mois plus tard une copie d'après *La Desserte* de David de Heem, il ajoute aux délicatesses harmoniques du «rendu hollandais» la somptuosité d'une nature morte flamande. Les interprétations «libres» côtoient désormais les copies plus «littérales» destinées à la vente. «Une bonne copie était payée deux cents à trois cents francs», se souviendra-t-il. Parmi ces dernières, il exécutera des répliques de Watteau, Fragonard, Boucher mais aussi de Raphaël, Ruÿsdael, Ribera, Philippe de Champaigne et Van der Heyden. Il s'attaquera également à une monumentale reproduction de *La Chasse* de Carrache et du *Narcisse* de Poussin.

Mélange d'adhésion sentimentale à un maître librement élu et d'analyses méthodiques, les copies sont aussi le théâtre d'expérimentations plus radicales : de Delacroix, il copiera par exemple un *Enlèvement de Rebecca* en noir et blanc, inversant l'ordre des valeurs.

Sur le motif

«J'avais deux fenêtres», dit-il à Pierre Courthion du petit appartement situé 19, quai Saint-Michel où il

Ce portrait de Caroline Joblaud est le premier essai de bas-relief exécuté dans les années 1890.

Toile de fond de nombreux tableaux des années 1900-1914, le quai Saint-Michel est un exemple parfait de décor matissien transformé par les jeux de la perspective plongeante en un motif intimiste et monumental. Sorte d'atelier extérieur, on ne sera pas surpris que Matisse en ait presque toujours effacé la foule et considéré ses monuments comme les objets d'une nature morte.

Le *Village de Bretagne*, peint à Beuzec-Cap-Sizun en 1895, lors du premier séjour breton, affiche clairement la dette du peintre envers Corot revisité par Pissarro, mais aussi probablement par Millet, comme *à rebours* du pleinairisme que Wéry, selon ses dires, aurait entrepris de lui inculquer. Horreur de Matisse pour toute formule. Entre le paysage et le peintre, la course d'obstacles commence. La méthode consiste à énoncer d'abord les difficultés. Comment peindre à contre-jour? Devant le ciel? En dressant des garde-fous – maisons, toits, clochers – sous la bonne garde d'une paysanne bretonne.

s'est installé peu après son arrivée à Paris, «qui donnaient au cinquième, à pic sur le petit bras de la Seine. Jolie vue : à droite Notre-Dame, le Louvre à gauche, le Palais de Justice et la Préfecture en face». L'immeuble est un vrai «caravansérail de peintres» : Marquet qu'il y côtoie jusqu'à la fin de la guerre, Marval toujours «habillée en 14 juillet», un neveu de Corot, un parent de Manet. Son intérieur, comme le remarque Moreau qui lui rend visite, y est tout entier organisé autour de la peinture.

Matisse vit depuis 1893 avec une jeune femme, Caroline Joblaud, qui lui donne, en 1894, une fille : Marguerite sera tout au long de sa vie le témoin vigilant et le protagoniste de son œuvre.

Le 1er avril 1895, il entre enfin à l'Ecole des Beaux-Arts, quarante-deuxième sur quatre-vingt-six. Son admission ne modifie pas sa façon de vivre et ses rapports avec sa famille, sinon ce brusque appétit de plein air qui, au moment de son entrée officielle, l'appelle irrésistiblement au dehors. Ce qu'il cherche à rendre ne se trouve plus au Louvre. Moreau ne l'avait-il pas invité à se chercher aussi dans la rue? Il faut rejeter «la vieille guenille», répète-t-il. «Cette beauté que les maîtres n'ont pas rendue» ne se trouve-t-elle pas aussi bien dans «cet ensemble du

Pont-Neuf avec ses arbres sur le fond de Notre-Dame dans une enveloppe mystérieuse?» (à Gustave Moreau). Ses premières vues de la Seine et bientôt sa découverte de Turner lui en apporteront la preuve.

Matisse ira dès cet été-là en Bretagne, à Belle-Ile et à Beuzec-Cap-Sizun, sur le motif, guidé par Emile Wéry, un voisin du 19, quai Saint-Michel. Les essais de pleinairisme de ce premier voyage sont ceux, comme le remarque Pierre Schneider, d'un «Corot timide» et plutôt réticent. Nulle trace de Gauguin et de ses amis de Pont-Aven où il se rend pourtant. Matisse reste fidèle aux perspectives étales de la peinture hollandaise, indifférent aux motifs des rivages bretons dont l'eau bouillonnante demeure la propriété de Ruysdael et de Monet.

Et c'est à Chardin et non aux impressionnistes qu'il emprunte l'atmosphère assourdie de l'*Intérieur à la liseuse* et des natures mortes qu'il compose cette année-là. C'est encore à Corot, dont il a visité avant son départ la rétrospective, au Palais Galliera, qu'il emprunte la lumière mordorée de ses premiers ateliers. Aussi est-ce un honnête peintre d'intimité que la Société nationale, présidée par Puvis de Chavannes, nomme à vingt-six ans membre associé.

L e premier des portraits «de dos» (Caroline Joblaud), l'*Intérieur à la liseuse* de 1895, rappelle les ateliers de Corot. Matisse y dispose les décors de son appartement-atelier.

N'admirer que la peinture

Le second voyage à Belle-Ile, cet été 1896, en compagnie de Caroline Joblaud, de Marguerite et d'Emile Wéry, n'a plus rien de la timide incursion pleinairiste de l'année précédente.

Il n'est déjà plus tout à fait l'«humble écolier» de l'atelier Moreau. A peine a-t-il été reçu à l'Ecole qu'il expose au Salon et reçoit commande de l'Etat. Les événements lui donnent enfin raison. C'est assuré de sa décision qu'il visite les galeries de la rue Laffitte, où il peut voir Rembrandt, Goya et le Greco et faire la connaissance des peintres de son temps. Il y rencontre probablement le vieux Pissarro. «L'humble et

colossal» Pissarro, qui avait initié Gauguin au plein air, que Cézanne et Van Gogh étaient allés consulter «comme le Bon Dieu» et qui exerçait sa tranquille autorité sur les néo-impressionnistes, est le passeur idéal. Point d'équilibre entre Chardin, les impressionnistes et Cézanne, dont il fut probablement le premier à lui révéler l'importance, Pissarro est le représentant accompli de cet impressionnisme cultivé, élaboré, prémédité vers lequel il se tourne alors. De fait, les scènes d'intérieur se révéleront, cet été-là, plus hardies et plus claires que les grandes marines peintes à Goulphar. Seule l'évanescente fluidité de la matière picturale et le découpage japonisant évoquent ici Monet. Matisse visite la pointe du Raz et Pont-Aven sans penser à Gauguin. Sa «théorie déjà fixée» et son école sont incompatibles avec l'enseignement qu'il a reçu des galeries du Louvre.

« J'ai travaillé à Belle-Ile, dira Matisse à Raymond Escholier, à la Côte sauvage, celle de Monet – qu'il peint ici dans cette grande *Marine à Goulphar* – ensuite j'ai travaillé dans le Finistère à Beuzec-Cap-Sizun en me séparant de Wéry car nous ne pouvions nous accorder». «Je n'avais alors que des bistres et des terres sur ma palette alors que Wéry, lui, avait une palette impressionniste. [...] Je fus séduit par l'éclat de la couleur pure».
Page de gauche, Matisse photographié à Belle-Ile.

«Je me suis cherché partout», dira Matisse de ses années de formation. Des timides essais sur les traces de Monet et de Pissarro aux premiers incendies colorés inspirés par Van Gogh ou Redon, de la leçon de Cézanne aux conseils de Signac et à l'exemple de Puvis de Chavannes, Matisse aura multiplié les préparatifs avant que l'intuition ne lui ouvre sa voie.

CHAPITRE II
L'INVITATION AU VOYAGE

La première vertu baudelairienne est pour Matisse une certaine plénitude charnelle. Entre le paysage et le nu féminin, il y a accord spontané, donc bonheur, d'où le choix du titre du tableau ci-contre (fragment) : *Luxe, calme et volupté.* C'est à Rembrandt que Matisse a pensé en réalisant son premier *Autoportrait* en graveur (à droite).

Lorsqu'il commence, en cette fin d'année 1896, à l'invitation de Gustave Moreau, son «chef-d'œuvre» d'atelier, conclusion de ses cinq années d'études, c'est naturellement une scène intimiste qu'il choisit. Premier d'une série de dessertes décoratives, *La Desserte* est un morceau de bravoure. Matisse l'expose au Salon de la Société nationale, que préside alors Carolus Duran, avec quatre autres toiles.

Le 2 février, Evenepoël écrit à un camarade : «Mon ami Matisse fait de l'impressionnisme et ne pense qu'à Claude Monet. Hucklenbroich, un sympathique étudiant de Moreau, le défend.» Moreau aussi. En vain. Ces premiers sarcasmes l'affecteront. S'est-il trompé ?

Secouer le joug de l'académisme

Le legs Caillebotte enfin accepté, partiellement, est exposé au Luxembourg. Il le visite en compagnie de Pissarro. Les tableaux impressionnistes qu'il y voit et le troisième séjour en Bretagne le confirmeront dans son choix.

L'unité colorée et texturelle du tableau, si chère à Pissarro, vole maintenant en éclats, comme si la fragmentation des travaux néo-impressionnistes était venue apporter la rupture attendue. Les «couleurs de l'arc-en-ciel» envahissent *Le Port de Le Palais* en un réseau à peine esquissé d'accents violet, rouge, turquoise et jaune cadmium.

A cette date, Matisse a sans doute quitté Caroline Joblaud, dont il a reconnu la fille. Sa rencontre avec Amélie Parayre, une jeune

« J'ai cru, confie Matisse à Aragon, qu'à l'époque de l'atelier de Gustave Moreau, je ne ferai jamais de figures. Puis j'ai mis des figures dans mes natures mortes. » Plus encore que par sa technique impressionniste empruntée à Pissarro, *La Desserte* de 1897 se distingue par l'assemblage de ces deux régimes de signes jusqu'ici séparés. La maîtrise consistera à les réunir de façon harmonique, quasi musicale. Pour rester fidèle aux leçons de Monet, Matisse fera deux vues d'après *Le Port de Le Palais*, presque identiques et à des heures différentes de la journée.

Toulousaine «droite, de noble maintien et possédant une magnifique chevelure noire», comme il la décrira pour la revue *Transition*, a déjà eu lieu. Il la demande en mariage en automne et se marie en l'église Saint-Honoré-d'Eylau à Paris, le 8 janvier 1898.

Ses voyages en Bretagne et l'achèvement de *La Desserte* l'ont éloigné de l'Ecole. Moreau lui-même, vieilli, s'efface en protestant. «Le brave père Moreau est bien changé, écrit Jules Flandrin, un camarade d'atelier, le 19 novembre 1897, et bien jauni. Il ne se prive pas, cependant, de vertes remontrances, on pourrait dire même plus, contre les élèves qui se laissent aller à quelque audace de pinceau. Ça a été tout d'abord avec

Matisse qui lui apportait un énorme labeur de vacances, tout imprégné de campagne et de plein air.»

La réaction de Matisse ne se fait pas attendre : il décide de s'accorder un «délai d'un an, comme il le confiera à Jacques Guenne, pendant lequel je voulais, répudiant toute entrave, peindre comme je l'entendais. Je ne travaillais plus que pour moi. J'étais sauvé».

Son voyage de noces lui offre une première occasion de partir. Il se rend d'abord à Londres, sur les conseils de Pissarro qui s'y était réfugié en 1870 avec Monet, spécialement pour voir Turner. Sitôt après son retour de Londres, en février 1898, Matisse et son épouse partent pour Ajaccio.

Premier des arbres de Matisse, cet olivier (ci-dessus), peint en 1898 dans la campagne d'Ajaccio. La Corse est à l'origine de l'«effet méditerranéen» qui marquera toute l'œuvre à venir.

Le grand émerveillement pour le Sud

Le «papillon dilettante» a vécu. «Aller de Rembrandt à Corot, de Véronèse à David de Heem, à Chardin», comme il le confesse à Georges Duthuit en 1949, ne suffit plus. Les «anciens moyens de peindre» ne peuvent servir à exprimer la vie immédiate du sentiment.

«Alors, dit-il, on part dans la brousse pour se faire des moyens plus simples qui n'étouffent pas l'esprit.» Les mêmes exigences qui poussent les écrivains des années 1890 à «sortir de soi» l'invitent à quitter l'Ecole, les salons et les musées pour s'en remettre à son intuition. Le voyage corse est enté sur cette révélation intuitive qui obsède les artistes de la fin du siècle.

En Corse, il fera, comme le déclame Claudel, «provision d'énergie», dans l'énormité solaire de

Placés sous le signe du pleinairisme, les voyages en Bretagne avaient apporté à Matisse la «révélation de la lumière dans la nature». En Corse, l'effervescence colorée du paysage le presse de restituer la matérialité de la lumière. Mêlant l'exubérance à la concentration, la *Cour du Moulin à Ajaccio* (ci-dessus) cherche à capturer l'afflux des «couleurs de l'arc-en-ciel» dans la nasse d'une cour au soleil.

la lumière méditerranéenne. «J'étais ébloui, dira-t-il à André Marchand de son séjour. Tout brille, tout est couleur, tout est lumière.» Il y alterne, comme en Bretagne, les scènes d'intérieur et les paysages des environs.

Mais cet abandon à soi n'ira pas sans réserve, ni prudence de dernière minute. Loin de déchaîner les intensités de la couleur et de la lumière du dehors, il cherche à contenir leur débordement dans le cadre étroit de petits tableaux, de «pochades» au champ visuel délibérément rétréci par un mur ou une frondaison.

Les exemples qu'il adresse, par la poste, à Evenepoël, stupéfient son ami. Comment lui, si «savant dans l'art des gris», passé maître en «harmonies rares et puissantes», a-t-il pu réaliser cette «peinture exaspérée», digne d'un «impressionniste épileptique et fou»?

Il est en Corse quand le vieux maître disparaît. Avec lui, c'est l'atelier Moreau et l'univers des amis, Rouault, Marquet, Camoin, Manguin, qui se disperse.

Un rapide passage à Paris pendant le mois de juin donne à Matisse l'occasion de parcourir le Salon des indépendants, où Signac domine la section néo-impressionniste. Il visite aussi l'exposition Monet à la galerie Georges-Petit et la galerie Vollard

Le format en longueur des *Toits à Toulouse* (ci-dessus) peints au retour de Corse en 1899 rappelle l'impact des «crépons» japonais sur l'œuvre de Matisse au tournant du siècle : «On ne regardait pas le Louvre, écrit-il à André Rouveyre, pour ne pas se foutre dedans, c'est-à-dire perdre sa route. Mais on regardait les Japonais parce qu'ils montraient de la couleur». S'il n'a connu Hokusai, Utamaro et Hiroshige qu'à travers de «mauvais retirages» achetés rue de Seine, tout comme Bonnard et les nabis, l'Ukiyo-E fit comprendre à Matisse que «la couleur existe en elle-même, [et] possède une beauté propre».

qui avait exposé Cézanne au début du mois.

Peu après son retour à Ajaccio en juillet, il rejoint avec son épouse, enceinte de Jean, ses beaux-parents à Beauzelle, non loin de Toulouse. Il y peint les bords de la Garonne, l'esprit encore occupé par les tableaux de Monet et par les paysages de Van Gogh. Les natures mortes peintes à Toulouse durant l'été le montrent également attentif aux leçons de Signac, dont il lit dans *La Revue blanche* l'ouvrage décisif :

Ci-dessus Camoin et Marquet photographiés par Matisse. En dessous, photographie de Manguin.

En 1899, Matisse peint cette *Première Nature morte orange*, souvenir probable de Van Gogh et de Gauguin, mais aussi de Signac. Les «subtiles gradations de tons» de l'impressionnisme sont submergées par une teinte dominante – l'orange – ce «fruit de couleur éclatante» (Apollinaire). Il rassemble les objets vers le centre comme pour résister à l'assaut de l'orangé.

D'Eugène Delacroix au néo-impressionnisme. Il y prend la mesure du chemin parcouru et de la place qu'il lui appartient désormais d'occuper, à la suite de Manet, Renoir, Monet, Pissarro, Seurat et Cézanne dans la généalogie des coloristes.

«Les notions de volume que donne le seul toucher»

De retour à Paris, il reprendra pourtant les chemins de l'Ecole. Une suite de professeurs – pas moins de six en un an – n'était pas parvenue à remplacer Moreau. Cormon y réussit en chassant ses élèves.

La porte de l'Ecole refermée, Matisse multiplie les «terrains d'étude». Il se rend tout d'abord à l'Académie Julian – «Mais je dus fuir bien vite, constate-t-il, les élèves tournaient mes études en dérision» –, puis vers l'Académie Camillo, un atelier créé par un modèle espagnol où Carrière venait corriger ses élèves personnels.

«J'y fus, se souvient-il, et y rencontrai Jean Puy, Laprade, Biette, Derain, Chabaud; il n'y avait pas là un seul élève de Moreau.» Après la fermeture de l'atelier où «on pouvait enfin travailler en toute tranquillité», il trouve refuge chez Biette, rue Dutot, avec Manguin, Camoin et Derain. Il fréquente également l'Académie Colarossi le temps de croquer pour cinquante centimes des «académies éclair» (selon le mot de Pierre Schneider) au son du piano.

Il y travaillera deux années durant à l'aide d'études anatomiques et les yeux fermés, «avec les notions de volume que lui donne le seul toucher», comme il le confiera à Aragon et complétera bientôt ses séances à l'Académie de la Grande-Chaumière dirigée par Bourdelle. Il se rend aussi sur le motif au Luxembourg, sur les berges de la Seine ou dans les rues d'Arcueil accompagné par Marquet. L'après-

Matisse et le «timide et taciturne» Marquet (photographié à gauche ci-contre), ainsi que le peindra Natanson qui vantera son goût prononcé pour la brièveté «aussi bien de corps et d'esprit. Que de paroles», travaillent ensemble «depuis 1898» (aux dires de Marquet). Attentifs, comme Moreau les y avaient invités, aux scènes de la vie quotidienne, ils dessinent dans la rue – comme ici deux chevaux à l'arrêt – à l'aide d'«une écriture qui est celle des lignes». Matisse détruira en 1936 nombre de ces dessins.

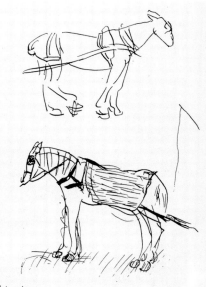

H·matisse

midi, il dessine au Petit-Casino, près de l'Opéra, les auditions des chanteuses de café-concert.

Une camarade de l'atelier Moreau, Marie Vital Lagare, le conduit un jour chez Rodin. Visite décevante. Rodin n'est pas Pissarro. Qu'importe. Le créateur de *L'Homme qui marche* est un «très grand sculpteur».

Matisse peint également la *Nature morte orange à contre-jour*. Cette œuvre appartient à l'un de ses premiers ensembles symphoniques, dans lequel il s'essaie en même temps à des solutions contradictoires qu'il arrête, reprend, abandonne en cours de route et réactualise un autre jour, à une autre place pour en faire la synthèse.

Le pont Saint-Michel fait partie d'un ensemble de vues réalisées entre 1900 et 1905 de la fenêtre de l'appartement du peintre. Matisse reprend à Marquet un thème familier et l'entraîne loin des opalescences laiteuses qu'affectionnait son camarade, vers une écriture de signes colorés, rapidement jetés sur le contre-jour irradiant de la toile laissée en partie intacte.

L es Trois Baigneuses de Cézanne (ci-contre) est sans doute l'œuvre à laquelle Matisse aura fait le plus fréquemment appel. Acquise chez Vollard en 1899, il s'en séparera trente-sept ans plus tard pour la donner au Musée du Petit Palais. Adéquation parfaite des figures et du paysage, la peinture de Cézanne fait coïncider en un même plan les personnages et la nature végétale, soumettant toutes les composantes du visible à l'ordre artificiel du tableau.

Cézanne, notre père à tous

Ajoutant aux terrains d'expérience de l'année 1899, Matisse visite les galeries d'avant-garde et particulièrement celle de Vollard chez qui il acquiert, coup sur coup, un tableau de Cézanne, *Les Trois*

« L e triomphe forcené du soleil » annoncé par Fénéon est en passe de l'emporter. Il reste maintenant à l'organiser. Comme chez Marquet (et comme chez les symbolistes), Matisse choisit dans la *Nature morte à contre-jour* de 1899 (ci-contre) d'utiliser le contre-jour comme une contre-profondeur. Mais au même moment, c'est tout en bosses et en creux qu'il réalise *Le Serf* (page de droite), antidote héroïque de la surface picturale aplanie et unifiée par la couleur.

Baigneuses, un buste en plâtre de Rodin d'après Henri
Rochefort et un portrait de Gauguin, *Jeune Homme
à la fleur de tiaré*. En achetant *Les Trois Baigneuses*,
Matisse rompt avec le cézannisme diffus des années
1890 pour établir avec l'œuvre du maître d'Aix la
relation personnelle dont les conséquences se feront
sentir jusqu'à la fin.

Il acquiert le tableau à cause, dit-il, de «la
proportion de la main de la femme qui marche par
rapport à l'ensemble». Ayant dû quitter Paris
brusquement «pour l'enfant malade [Marguerite],
j'allais en attendant de pouvoir repartir à Paris voir
les baignades des soldats. Au bord de la Garonne, j'ai
retrouvé cette main dans le paysage et sa couleur».

Cézanne contre Rodin. Où le sculpteur assemble
par morceaux, en eux-mêmes «admirables», sans
prendre garde à la «confusion de l'expression» qui en
résulte, Cézanne organise clairement chaque partie
de son tableau en fonction d'une «architecture
d'ensemble» qui accorde à la main de la baigneuse
et au paysage la même qualité picturale. Pourtant,
les académies réalisées au tournant du siècle,
des dessins ou des sculptures comme *Le Serf* ou

Madeleine I et *II* traduisent son hésitation entre la véhémence expressive d'un Rodin et la construction cézannienne.

Comme pour tempérer cette opposition, Matisse aura recours entre 1899 et 1903 aussi bien à Rembrandt, dont la vogue est alors grande, qu'à Marquet dont les vues plongeantes, les perspectives rapprochées et la délicate lumière opaline restent suffisamment palpables pour ne pas délester l'image de son poids et de son épaisseur.

Il multiplie, au même moment, les autoportraits. La plupart d'entre eux sont moins des autoportraits que des portraits de l'artiste en graveur, en peintre ou en sculpteur, scrutateur goguenard de lui-même.

Cap au Nord

Depuis son retour de Toulouse, sa situation s'est singulièrement assombrie. Le Salon de la Nationale a refusé son envoi. Les ventes de copies s'interrompent. Durand Ruel, auquel son ami Simon Bussy l'a présenté, l'invite à peindre des «intérieurs avec figures» plutôt que des natures mortes par trop inspirées de Cézanne. «La route de la peinture, écrira-t-il à Escholier, paraissait tout à fait barrée aux nouvelles générations. Les impressionnistes prenaient toute l'attention. Van Gogh et Gauguin étaient ignorés. Il a fallu culbuter un mur pour passer.» Son père menace de lui retirer sa pension. Le 13 juin 1900, naît un deuxième fils, Pierre. C'est alors qu'avec Marquet il trouve un emploi de peintre en décor pour la section française des Beaux-Arts de l'Exposition universelle.

Une bronchite interrompra bientôt l'épisode. Il partira en convalescence à Villars-sur-Ollon en hiver 1901 d'où il rapportera deux petites peintures, de «simples images». A son retour, il cherche en vain un emploi à l'Opéra Comique ou à l'imprimerie Bernheim. Jusqu'en 1903, il fait des allers et

Apparu dès les premiers tableaux sous forme de citation de son portrait dessiné comme dans *La Liseuse* (1895) ou *l'Intérieur au chapeau haut de forme* (1896), l'autoportrait selon Matisse appartient à la tradition de Van Eyck et de Rembrandt. *L'Autoportrait* de 1900 (ci-dessous) est un portrait de l'artiste en jeune peintre, observateur impartial de son double.

Vollard (ci-dessus), à qui Matisse doit sa première exposition importante en juin 1904, achètera au peintre sans contrat nombre d'œuvres de ses débuts. Mais Matisse ne fera jamais partie des peintres favoris du marchand.

Un tableau de Matisse est d'abord un espace de travail. Il laisse affleurer comme l'*Intérieur à l'harmonium* (ci-contre), de 1900, à travers ses repeints insistants, le film d'une construction ouverte. L'angle inférieur gauche de l'harmonium, par exemple, a été redressé, ouvert, puis divisé par le battant sur lequel s'appuie la partition et dont le bord dessine une flèche pointée vers le bas. Le livre, posé au premier plan, ferait pencher un peu plus cet *indicateur de gravité* si le bouquet de fleurs ne rétablissait la situation en projetant les roses fanées vers l'intérieur de la pièce.

retours à Bohain où se trouve Jean, ponctués par des séances d'Académies. Pour donner le change, il s'efforce de peindre des sujets anecdotiques dans des teintes assourdies qu'il vendra médiocrement à Berthe Weill, au critique Fénéon et à Vollard qui acquiert *La Desserte* mais aussi à Josse et à Gaston Bernheim. «Si j'en avais l'occasion, écrit-il à Manguin le 10 août 1903, je crois que je lâcherais la peinture.» Il fait sans plus de succès une demande pour un emploi de «contrôleur du droit des pauvres» à la Préfecture de la Seine. Il n'a alors d'autre solution que de s'installer à Bohain avec sa femme qui doit fermer «un commerce pas toujours florissant». Il ne reviendra à Paris qu'au début de l'année 1904.

Luxe, calme et volupté

12 juillet 1904 : «Je pars demain pour Saint-Tropez avec ma femme et mon gosse», écrit-il à Manguin. Depuis son retour de Toulouse, le désir de «filer dans le Midi se reposer un peu» ne l'a pas quitté. «C'est même là mon plus beau rêve, confie-t-il à Simon Bussy en 1903, je crois que j'y travaillerai deux fois

Matisse réalise ce paysage de Saint-Tropez durant l'été 1904. Une vue plongeante, un horizon très haut dans le ciel, une branche japonisante et l'arabesque du parapet composeront également le décor de *Vue de la chapelle Sainte-Anne.* A l'exception d'un détail essentiel : le dessinateur lui-même figuré au premier plan. «Très souvent, dira Matisse à Tériade, je me mets dans le tableau et j'ai conscience de ce qui existe derrière moi. J'exprime aussi naturellement l'espace et les objets qui y sont situés que si j'avais devant moi la mer et le ciel seulement, c'est-à-dire ce qu'il y a de plus simple au monde.»

plus que dans le Nord où l'hiver est si mauvais comme lumière.»

Le Sud lui apparaît comme un remède, un antidote au désenchantement des années 1899-1903. Mais le «flot lumineux» de la lumière méditerranéenne que vante son hôte et les «chaleurs excessives» ne tardent pas à l'accabler. Le seul tableau de quelque ambition qu'il réalise est une vue de la terrasse de Signac, dans laquelle il s'essaie pour la première fois à réunir les grands aspects décoratifs du néo-impressionnisme et l'architecture chromatique des peintures de Cézanne. L'influence de Marquet se montre ici plus présente que celle de Signac, lequel lui reprochera brutalement une méthode si peu divisionniste.

Matisse finira par se rendre aux raisons du chef de file des néo-impressionnistes dans un tableau intitulé *Le Goûter*, peint non loin de la Hune sur la plage des Graniers.

De retour à Paris, *Le Goûter* servira de thème à une composition dont l'ambition décorative affiche clairement sa dette à l'égard de Puvis de Chavannes et des adamiques allégories du néo-impressionnisme comme *Le Temps d'harmonie* de Signac ou *L'Air du soir* de Cross.

L e conflit avec Signac (page de gauche) à propos de la *Terrasse, St-Tropez*, donne naissance au *Golfe de St-Tropez (le goûter)*. D'un tableau à l'autre (ci-dessus de gauche à droite), Matisse paraît régresser volontairement. *Le Goûter*, en dépit ou à cause de ce retour au néo-impressionnisme, rend possible l'abordage aux «rives enchantées» du paysage méditerranéen auquel les premiers essais tropéziens avaient tourné le dos.

Luxe, calme et volupté (1905) rassemble trois thèmes fondateurs de l'œuvre de Matisse : l'Antique, la Famille et le Paysage, dessinés comme au ralenti en un long travelling latéral. «C'est une toile peinte avec les pures couleurs de l'arc-en-ciel, dira Matisse à Tériade. Toutes les toiles de cette école (le divisionnisme) produisaient le même effet : un peu de rose, un peu de bleu, un peu de vert ; une palette très limitée, avec laquelle je ne me sentais pas très à l'aise.»

Second des chefs-d'œuvre du peintre après *La Desserte* (1897), le tableau intitulé *Luxe, calme et volupté* se plie avec la même apparente modestie à un système déjà constitué, codifié et officialisé dont il adopte les principes chromatiques, le dessin linéaire et l'imaginaire arcadien.

La célérité avec laquelle il se soumet à la méthode ascétique de Signac donne la mesure de l'anxiété des dernières années. Le divisionnisme rend de nouveau possible, par la distance même qu'il introduit entre le peintre et son sujet, la représentation de la nature extérieure.

L'heure fauve

Exposé au Salon des indépendants, en mars-avril 1905, le tableau rencontre un accueil contrasté. Signac, qui l'achètera en septembre, est enthousiaste. N'a-t-il pas signé son ralliement à l'esthétique néo-impressionniste ? Jean Puy confirme : Matisse est devenu un «pointilliste fervent». L'exposition de Signac à la galerie Druet en décembre 1904 l'a «emballé». Mais Louis Vauxcelles et Maurice Denis le préviennent «contre les recherches hostiles à sa vraie nature» et les «dangers de l'abstraction».

Comme l'*Enquête sur les tendances actuelles*

«Collioure ? Ce sont des femmes, des bateaux, la mer et la montagne, écrit Derain à Vlaminck en juillet 1905. Mais surtout c'est la lumière. Une lumière blonde, dorée, qui supprime les ombres.» Matisse, dans l'*Intérieur à Collioure (la sieste)* (à gauche), peint en 1905, capture la lumière du petit port catalan entre les mailles d'une chambre sur la mer. Pour en saisir non la couleur locale mais, tel dans un rêve ou le laboratoire d'un coloriste, le léger tournoiement qui fait vaciller les murs et le sol, disperse les ombres et les reflets et enveloppe le dehors et le dedans en un même cercle chromatique. Le paysage devant lequel travaille Matisse est entré à l'intérieur de la pièce. Mieux, il habite le rêve de la dormeuse comme de la jeune fille au balcon, réunies ainsi que les trois chaises du premier plan dans la «sensation» du peintre.

de l'art plastique publiée par Charles Morice (qui l'a oublié) le démontre cette année-là, l'impressionnisme ne peut être renouvelé en théorie. Devant le trop-plein de savoirs, de styles ou de méthodes antagonistes, cause de la dégradation de l'énergie et du décadentisme fin de siècle, il n'y a d'autre solution que le primitif, et une nouvelle innocence.

Pour toute réponse, Matisse retournera vers un Sud

❝ Si j'ai pu réunir dans mon tableau [*Fenêtre ouverte à Collioure*, ci-dessus] ce qui est extérieur, observe Matisse, la mer et l'intérieur, c'est que l'atmosphère du paysage et celle de ma chambre ne font qu'un.❞

plus sauvage encore, à Collioure, loin de Signac. Le 15 mai 1905, il s'installe dans une «pension assez bon marché» avec sa femme et deux de ses enfants. Il loue sur la baie une chambre d'où il se propose de peindre le «paysage exaltant» que Signac, qui avait fait escale à Collioure en 1887, lui a vanté.

A son arrivée, l'esprit encore tout empli des expositions Seurat et Van Gogh, il peint dans la technique pointilliste une jeune femme destinée à une composition plus vaste *(Jeune Femme à l'ombrelle)* et un tableau intitulé *Madame Matisse dans les oliviers*, dans lequel il s'essaye à juxtaposer la méthode de Seurat et le maelström chromatique de Van Gogh. L'arrivée de Derain, dans le courant de l'été, bouleverse ce scénario. Derain maîtrise, sans contradiction apparente, les nouvelles règles du jeu qu'il présente ainsi à Vlaminck :

«1- Une nouvelle conception de la lumière qui

Durant l'été 1905, Matisse, portraituré (page de droite) par Derain, brosse ce *Paysage à Collioure*. «Le fauvisme fut en premier lieu un bref moment lors duquel nous avons pensé qu'il était nécessaire d'exalter toutes les couleurs ensemble, sans en sacrifier aucune». Dans cet autre *Paysage de Collioure* (à droite), il tente de ralentir la fuite du regard à la manière d'Hiroshige en jalonnant la baie de voiles cisaillant l'espace.

consiste à ceci : la négation de l'ombre. Ici, les lumières sont très fortes, les ombres très claires. L'ombre est tout un monde de clarté et de luminosité qui s'oppose à la lumière du soleil : ce qu'on appelle les reflets. Nous avions, jusqu'à présent, négligé cela tous les deux et dans l'avenir, pour la composition, c'est un regain d'expression.

2- Savoir, dans le voisinage de Matisse, extirper tout ce que la division du ton avait dans la peau. Il continue, mais moi, j'en suis complètement revenu et je ne l'emploie presque plus. C'est logique dans un panneau lumineux et harmonieux mais cela nuit à ces choses qui tirent leur expression des inharmonies intentionnelles.»

<u>Une pénible sensation d'éblouissement</u>

De retour à Paris au début de l'automne, il peint *La Femme au chapeau*, qui représente

sa femme : violente transposition du déchaînement chromatique des paysages de Collioure dans le registre du portrait. Le tableau destiné au Salon est un portrait académique détourné. Premier d'une longue série, il a tout d'une confrontation. Avec le public, qu'il fixe à la façon d'une idole byzantine. Avec les peintres des salons officiels, qu'il défie, mais aussi et surtout avec Renoir et Manet, dont les rétrospectives étaient annoncées. Avec ses propres œuvres : des peintures jusqu'ici souvent de petites dimensions, des paysages, des natures mortes. Avec son épouse habillée de noir, qu'il transforme en une icône irradiante aux prises avec le chahut des couleurs.

Maurice Denis consignera «la pénible sensation d'éblouissement» que le tableau lui a causée. Et Léo Stein, qui l'achètera, s'est d'abord exclamé qu'il s'agissait du «barbouillage le plus laid qu'il ait jamais vu». Matisse n'était pas moins anxieux des conséquences que son portrait allait entraîner sur son propre travail. L'ostentation des couleurs avait suscité une manière d'effroi. Le fauvisme l'avait conduit hors

Juxtaposition d'un chapeau-paysage, d'un visage et d'un éventail japonais (où l'on devine, dans les plis, un visage, un paysage et un chapeau), *La Femme au chapeau* (ci-dessus à gauche) et sa réplique *La Raie verte* (à droite), ne cherchent pas seulement à rivaliser avec les grands portraits de Manet ou de Renoir mais à peindre un visage comme s'il s'agissait d'un site sauvage divisé en compartiments distincts de même intensité, connectés ensemble.

de la représentation ordinaire, hors scène, dans un paysage intensif qui mêlait le visage à la violence du rivage méditerranéen. «La vérité, note-t-il alors, est que la peinture est une chose bien décevante. Par hasard, mon tableau (le portrait de ma femme) a un certain succès parmi les avancés. Mais il ne me satisfait guère; il est le commencement d'un effort bien pénible.»

La question du Salon

Peu après l'ouverture du Salon d'automne, en pleine controverse fauve, Matisse commence une nouvelle œuvre d'imagination, de grand format (174 x 238), intitulée *Le Bonheur de vivre*. Il loue pour la réaliser, dans l'ancien couvent des Oiseaux, 56, rue de Sèvres, un atelier qu'il fréquentera jusqu'en 1908. Avec *Luxe, calme et volupté* (1904), *Le Bonheur de vivre* embrasse la plus large étendue de références et de styles que l'œuvre ait abordée. Le tableau devient rapidement, comme le remarque Charles Morice, «la question du Salon». Vauxcelles lui reproche son caractère schématique et linéaire. Signac le critique violemment. Mais l'œuvre - qui restera cachée dans l'escalier de la Fondation Barnes - consacre l'ambition de Matisse : réunir en une même scène, à l'instar de Mallarmé, un poème pictural à la fois charnel et suprêmement abstrait.

Complexité des «tableaux» dans le tableau, multiplicité des sources iconographiques (de la préhistoire au Moulin rouge), hétérogénéité des motifs, *Le Bonheur de vivre* est, après *Luxe, calme et volupté*, la plus grande des «machines» de l'œuvre matissienne et le premier de ses agencements picturaux. Le tableau emprunte à la mythologie antique autant qu'à Mallarmé. Il compose une suite d'images conçues indépendamment les unes des autres qui riment visuellement entre elles à l'intérieur d'un théâtre végétal. Sa réalisation dura cinq mois. Un carton aura été nécessaire pour reporter les groupes et le paysage en une scène unique. L'architecture plane et linéaire de l'œuvre achevée est issue de la transposition décorative du paysage palpitant de Collioure en un jardin d'Eden. Le paysage composé à la manière d'un décor de Vuillard pour le théâtre de Lugné-Poe, s'évase comme un poème de Mallarmé. Son flottement, son indétermination finale (en dépit de la ronde chargée d'en réunir les fragments épars) font de cette tentative aux accents encore symbolistes une manière de *limbe* où l'œuvre s'épanouira.

Un jour de mai 1906, Matisse rentre à Collioure «avec une envie de peindre à tout déchirer». Au moment même où l'on croit saisir le «fauve», il s'est emparé de la sculpture et de la céramique pour les transporter sur la toile. Bientôt la décoration prendra le relais du tableau. «Je voulais toujours faire deux choses en même temps», expliquera-t-il quelques années plus tard.

CHAPITRE III
LE SENTIMENT DE LA TOTALITÉ

Dans la *Desserte, harmonie rouge* (1907), Matisse accorde à l'abstraction décorative la consistance des objets du réalisme et donne corps et volume à la «ligne du thème abstrait» pour le meilleur équilibre des couleurs. Le *Nu couché* (1906), réalisé sur quatre feuilles, a sans doute servi de point de départ à la sculpture *Nu couché I*.

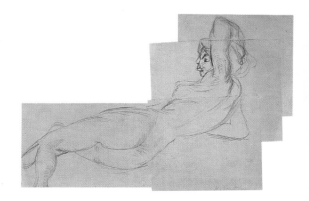

A la suite du *Bonheur de vivre*, Matisse poursuit sur le motif dans de petites études bigarrées la rêverie édénique de son grand tableau, recréant la vision fragmentaire d'une pastorale fauve corrigée par Cézanne. Au printemps 1906, il se rend en Algérie, visite Alger, Constantine, Batna et Biskra, où malgré la beauté et la lumière «le côté inhumain de la nature l'empêche d'aimer ce pays», où tout lui paraît trop grand.

De retour à Collioure, il travaille durant l'été aux versions *I* et *II* du *Jeune Marin* et intègre, suivant l'exemple de la *Nature morte avec l'amour en plâtre* de Cézanne, la présence de sculptures dans ses tableaux.

Portrait du peintre en sculpteur

L'hiver 1906-1907 sera principalement consacré à explorer à partir des modèles du *Bonheur de vivre* les «exigences particulières que sa sculpture, dit-il, pose en matière de volume et de masse».

Alors qu'il modèle le *Nu couché I*, absorbé par sa tâche au point de repousser d'heure en heure le moment de se rendre chez Maillol à Banyuls, le modelage tombe à terre. «Suffoqué par l'accident», il décide de reporter la figure sculpturale sur une toile de grandes dimensions et de la situer dans une imaginaire oasis algérienne en souvenir de Biskra.

Du *Nu bleu (souvenir de Biskra)* (à droite) au *Nu couché* (ci-dessous), tous deux de 1907, Matisse procède à de nombreux échanges et transpositions.

L'urgence de ce transfert (ou de ce transport, à rebours de Maillol) donne au *Nu bleu* l'allure d'une apparition explosive, primitive, comme si la sculpture faisait irruption non plus sous la forme d'une statuette représentée mais en force, avec armes et bagages, dans le champ du tableau.

Comme dans *La Femme au chapeau*, Matisse choisit d'affecter d'une tension dramatique une posture conventionnelle illustrée par Ingres (*L'Odalisque à l'esclave*, 1839-1840) et Cabanel (*La Naissance de Vénus*, 1863), mais aussi par Manet (*L'Olympia*, 1863). Accentuant les distorsions entre les différentes parties du corps de la femme, il frontalise et accuse les volumes en même temps qu'il marque la verticalité d'un bras et la pesante horizontale

Ariane fauve, grande odalisque africaine ou nymphe masculine, le *Nu bleu (souvenir de Biskra)* assemble des composantes contradictoires que Matisse fait passer l'une dans l'autre pour la plus intense des réactions formelles et symboliques. Son réemploi par Picasso dans un *Nu couché*, par Derain dans ses *Trois Baigneuses* et par Braque dans le *Grand Nu*, désignera ce tableau comme l'une des images fondatrices du premier cubisme.

En bas à gauche, *La Naissance de Vénus* de Cabanel.

des jambes repliées.

Les nombreux repentirs suggèrent que la figure a été modelée à même la surface. Mais celle-ci, en dépit du bleu qui, selon la méthode de Cézanne, lui donne sa profondeur, se lit comme un plan redressé orné de violettes, de feuilles de figuier et de palmes qui en font une œuvre, pour finir, décorative. Le tableau est le seul envoi au Salon des indépendants en 1907 sous le titre de *Tableau n° III*, le désignant ainsi comme une suite de *Luxe, calme et volupté* et du *Bonheur de vivre*.

La nymphe du triptyque Osthaus (1907-1908, faïence), entourée de grappes de vigne, est la sœur décorative du *Nu bleu (souvenir de Biskra)*. Logé dans une petite pièce de la maison Hohenhof, le triptyque est la moins connue des céramiques du peintre. Matisse s'en souviendra plus tard, au moment de la chapelle de Vence et de la salle à manger de Tériade à Saint-Jean-Cap-Ferrat.

Les feux de la céramique

Formé dans une école de dessinateur de textiles à Saint-Quentin, Matisse conçut très tôt auprès de sa mère, qui ornait elle-même des assiettes, le goût des arts appliqués. A son retour d'Algérie, il a rapporté des poteries qu'il a aussitôt introduites dans ses tableaux. Les céramiques qu'il réalise durant l'année 1907 avec André Méthey ne sont pas un simple divertissement. L'expérience n'est pas nouvelle. Ernest Chaplet, en 1886, avait déjà collaboré avec Gauguin. Méthey, sur les conseils de Vollard, travailla avec Renoir, Redon, Bonnard et Maurice Denis avant de faire appel aux peintres fauves.

A cette même époque, Matisse réalise pour la maison de Carl Ernst Osthaus, à Hagen (Westphalie), conçue par l'architecte Henry Van de Velde, un triptyque avec nymphes, satyres et danseuses entourés de feuilles de vigne et de grappes. Ce projet

décoratif est à l'origine des grandes peintures des
années à venir et des réalisations de la fin de sa vie.

Tant par ses thèmes que par la simplification
de sa technique, la céramique est au cœur de
l'esthétique de l'œuvre. Des tableaux – *Nature
morte aux asphodèles* (1907), *La Fille aux yeux
verts* (1908) – la prendront pour motif avant de
donner aux œuvres architecturales son support. «J'ai
des couleurs, une toile et je dois m'exprimer avec
pureté, notera-t-il, dussé-je
le faire sommairement
en posant par
exemple

En réalisant en 1907,
avec le céramiste
André Méthey, une
série de plats,
d'assiettes et de vases,
Matisse se montre
fidèle à l'idée,
commune aux
créateurs de l'art
nouveau, que l'art
devait participer à la
vie quotidienne, mais
sa conception de
la décoration engage
un autre plan :
«Expression et
décoration, dira-t-il à
Georges Duthuit, ne
sont qu'une seule et
même chose». Les
thèmes ornementaux
– visage, fleur, nu,
comme ici dans *Plat
fleuri, Assiette, tête
d'enfant aux fleurs*
(ci-dessus) et *Assiette
au nu* (ci-contre) –
sont aussi les thèmes
symboliques de
l'œuvre.

Dans l'atelier de Collioure, pendant l'été 1907, Matisse, son épouse et Marguerite posent devant les œuvres en cours. Exposée au Salon de 1908 au milieu d'une première rétrospective de l'œuvre sculptée, les *Deux Négresses* (ci-dessous) réunit de manière synthétique les postures des couples de la sculpture classique et de la statuaire nègre.

quatre ou cinq taches de couleurs, en traçant quatre ou cinq lignes, ayant une expression plastique.» Couleurs pures, lignes, blanc de la faïence sont pris ici dans un usage créateur pour en extraire le bleu, l'orangé et le rouge chargés d'une expression matérielle intense.

La période de l'énorme

Comme l'année précédente à la même époque, la saison de peinture prend fin à Paris avec la fermeture du Salon des indépendants, où Matisse a présenté le *Nu bleu* (*souvenir de Biskra*) et le départ pour Collioure. Il y a peint l'été précédent des paysages pastoraux (*Nu dans le bois, La Pastorale*), qui rappelaient, *in situ*, les figures du *Bonheur de vivre*, l'effervescence du paysage dévorant son sujet.

En 1907, sa préoccupation est tout autre. Les couples évanescents du *Bonheur de vivre* cèdent la place au duo musculeux des *Deux Négresses*; la grotte ulysséenne de *La Pastorale*, indécise et fragmentaire, disparaît au profit de la falaise abstraite du *Ruisseau aux aloès*.

Vision monumentalisée du *Bonheur de vivre*, le *Luxe I et II*, peint en 1907-1908, est une interprétation décorative à la Gauguin et à la Puvis de Chavannes d'une œuvre de Cézanne, *Le Berger amoureux*. La scène pastorale dresse sur fond de golfe de Saint-Tropez un personnage païen : une Vénus, au côté de sa servante à qui il est fait offrande d'un bouquet de fleurs. Le tableau figure une mythologie plus intransitive que celle de Cézanne. L'accent idyllique de la scène n'est troublé par aucune énigme sexuelle. Matisse a réalisé des femmes ornementales dans un site paradisiaque, également rustiques et raffinées comme dans le *Concert champêtre* de Giorgione.

La palette encore vibrante du néo-impressionnisme s'efface au profit d'harmonies plus sourdes. L'offensive cézannienne, qui a commencé avec l'*Autoportrait en sculpteur* (1906), s'est déployée au début de l'année avec le *Nu bleu* et le *Nu couché I*. Elle reprend peu après son arrivée à Collioure avec un grand panneau qu'il intitulera *Le Luxe*.

Une splendeur inouïe

Le Salon d'automne de 1906 avait confirmé la place
centrale qu'occupait désormais Matisse parmi les
«avancés». Dans le premier article que lui consacre
Apollinaire, il est le «fauve des fauves», celui «dont on
n'avait pas osé refuser les [toiles]» (qu'on refusa malgré
tout), et que l'on traita à l'occasion de «bête féroce».

Les 15 et 18 décembre suivants, le poète l'interroge
pour *La Phalange*. Venu rencontrer le «monstre»,
Apollinaire se plaît à décrire le «novateur raffiné» qui
le reçoit, «un artiste en qui se combinent les qualités
les plus tendres de la France : la force de sa simplicité
et la douceur de ses clartés». Le thème de l'artiste
français, qu'Aragon reprendra à son compte en 1942,
s'accompagne d'un éloge de l'ordre, «dont l'instinct
sera la mesure».

Or, à la fin de l'année 1907, il existe dans l'œuvre
de Matisse des raisons contradictoires qui opposent
et mêlent un art décoratif aux coloris éclatants peints

par aplats et un art sculptural quasiment privé de couleurs. C'est de part et d'autre de cette ligne de partage que la rencontre avec Picasso va se produire. On ne sait si Matisse vit *Les Demoiselles d'Avignon* avec Derain, mais Picasso s'intéressa à coup sûr au *Bonheur de vivre* et au *Nu bleu*. Matisse réalisant les *Deux Négresses* avait sans doute admiré les deux nus monumentaux que Picasso avait rapportés de Gósol.

De même, les *Baigneuses à la tortue* et les *Joueurs de boules* répliquent au style monumental qu'avait adopté Picasso depuis un an. Le dialogue Matisse-Picasso intègre à cette date le *Nu debout* (1906-1907), très proche de la figure de droite des *Demoiselles d'Avignon*. Le portrait d'*Allan Stein en chasseur de papillons* (1907) apporte une réponse classicisante au portrait qu'avait donné Picasso du même modèle en 1906. L'invention d'une nouvelle matière picturale réside moins alors dans la multiplication des sources que dans le recours à la mémoire personnelle.

Les *Joueurs de boules* (*jeu de balles*) et *Baigneuses à la tortue* (*trois femmes au bord de la mer*) empruntent aux *Trois Baigneuses* et à *Musique (esquisse)* leur gigantomachie décorative. Matisse oppose au cubisme cézannien de Picasso (*Trois Femmes*, 1908) l'eurythmie monumentale d'une grande composition à la Hodler. Au même moment, il exécute des dessins instantanés tel le *Nu debout* (page de gauche) : «dont la puissance doit l'emporter sur tout manque de proportion».

Ainsi, cette année-là, après de nombreuses séances infructueuses consacrées au portrait de Greta Moll, Matisse s'en était retourné voir au Louvre un portrait de Véronèse (la *Belle Nani*) dont la posture et les atours lui rappelaient ceux de son modèle et avait changé, comme pour la *Desserte, harmonie rouge*, son tableau du tout au tout. «Ça prend une splendeur inouïe», déclara-t-il au moment de conclure.

«J'ai toujours cherché à être compris»

Au début de l'année 1908 s'ouvre pour quelques mois dans le couvent des Oiseaux l'Académie Matisse. L'initiative en revient à Sarah Stein, l'épouse de Michael Stein qui aida financièrement à l'atelier, à Hans Purrmann, un jeune artiste de la Berliner Sezession qui en devient le massier, et au peintre américain Patrick Henry Bruce.
Max Weber, Greta et Oscar Moll, ainsi que des artistes scandinaves et d'Europe centrale

Ci-dessus, Michael et Sarah Stein, Matisse, Allan Stein et Hans Purrmann dans l'appartement de la rue Madame, en 1907. Ci-dessous, Matisse au milieu de ses élèves en 1908. Dans la *Desserte*, (à droite), le rouge transforme la scène intimiste en variation sur l'immensité décorative de la couleur.

le rejoindront. L'atelier «se développant [il comptera près d'une cinquantaine d'élèves], dira Matisse à Raymond Escholier, Purrmann et Bruce durent le transporter à l'ancien couvent du Sacré-Cœur, boulevard des Invalides».

L'enseignement y est des plus classiques : dessin d'après l'antique, modèle vivant, nature morte et sculpture. Tout en professant que les méthodes se valent, Matisse ne donne pas moins des indications très précises sur l'expression selon l'antique disposition – «la place qu'occupe les corps, les vides qui sont autour d'eux, les proportions, la composition» – mais aussi sur «l'art d'arranger de manière décorative les divers éléments dont le peintre dispose pour exprimer ses sentiments». Il y enseigne la couleur qui repose sur le contraste ou la parenté et les rapports de forces et ne doit pas, sous peine d'éparpillement artificiel, perdre contact avec la sensation ; et sur la figure et le sentiment de haute gravité que ses lignes essentielles doivent exprimer. Il assortit ses leçons de considérations sur l'art, «un lénifiant, un calmant cérébral»; sur ses procédés, inspirés par l'observation directe ou par l'imagination ; sur les règles qui ne se séparent pas des individus, et sur l'époque.

La Danse et la Musique

Depuis l'année 1906, un collectionneur russe, Sergei Ivanovitch Chtchoukine, achète régulièrement ses œuvres ; il est bientôt rejoint par Ivan Morosov. Chtchoukine acquiert en 1908 *L'Harmonie rouge*.

Il est si satisfait de sa nouvelle acquisition qu'il passe commande à Matisse d'un nouveau panneau décoratif sur le thème de la danse. Le sujet était à la mode. Matisse commença sans tarder à peindre l'esquisse d'une danse qu'il avait fait surgir comme *in extremis* dans les lointains du *Bonheur de vivre*. Un ou deux jours suffirent à couvrir, d'un seul allant, l'esquisse à l'échelle qui devait décider

« Moi, dira Matisse à Georges Charbonnier, j'ai fait de la sculpture comme un complément d'étude.» Au moment où il réalise l'étude de pieds, Matisse cherche à assimiler, par le modelage, le mouvement de rebond et d'énergie concentrée des danseurs de *La Danse*.

Chtchoukine à confirmer sa commande. *La Danse* a la fraîcheur d'une monumentale aquarelle et un ton de décision énergique sans précédent.

Peu après, il peindra le panneau commandé dans une tonalité plus violente. Une danse non plus sautillante mais volontaire, exaltée, primitive dont l'amplification monumentale évoque Puvis et Hodler.

Pour la danse elle-même, il ne pouvait compter sur l'imperceptible carmagnole du *Bonheur de vivre* ou sur ses souvenirs de sardanes aperçues à Collioure et à Cassis. Il ira au Moulin de la Galette pour y revoir la farandole. Le 31 mars 1909, Chtchoukine lui écrit : «Je trouve votre panneau *La Danse* d'une telle noblesse que j'ai pris la résolution de braver notre opinion bourgeoise et de mettre dans mon escalier un sujet avec le *Nu*. En même temps, il me faudra un deuxième panneau dont le sujet pourrait être la musique». Matisse acquiesce aussitôt et réalise une composition de même format sur le thème des musiciens. Interprétation décorative du grand tableau de Manet *Le Vieux musicien*, *La Musique* intensifie encore l'harmonie colorée de *La Danse* jusqu'à créer le vibrato résonnant et diapré d'une mélodie de violon.

« **N**on, ce n'est pas le mur qui m'a suggéré le thème [de *La Danse*], répondra Matisse à Georges Charbonnier, c'est que j'aime particulièrement la danse, c'est que je vis davantage dans la danse : mouvements expressifs, rythmiques, musique que j'aime bien. Elle était en moi cette danse.» Après une étude à l'aquarelle (ci-dessus), Matisse réalisera en mars 1909 une première version en un ou deux jours et, au printemps 1910, la seconde version plus longuement travaillée. Pages suivantes : *La Musique*, 1909.

HENRI-MATISSE 1910

A l'automne 1908, Matisse commence *La Conversation* qu'il achèvera en 1912. Gagnée par l'usage excessif du bleu, la peinture franchit dès lors un seuil décoratif. Mais l'atelier n'est pas un simple décor, la toile de fond d'une *sacrée conversation*. C'est un lieu de solitude, d'action et de contemplation. D'une couleur autre. Dans l'éclat phosphorescent des images de l'œuvre découpée à vif sur la pourpre des murs.

CHAPITRE IV
LE GRAND ATELIER

Matisse à Munich, en juin 1908 (page de gauche) dessinant sur un carnet de voyages. Ci-contre, *Jeannette IV* réalisée d'après Jeanne Vaderin, modèle d'une Jeune fille aux tulipes. La sculpture est l'avant-dernier «état» d'une femme-tulipe au nez en forme de tige flanqué d'énormes bulbes.

L'atelier d'Issy-les-Moulineaux en 1911, où a été peint la *Nature morte aux géraniums* (en dessous). Sur le mur, on peut voir l'*Intérieur aux aubergines* de 1911, le *Grand Nu à la colle* (détruit peu après), des paysages corses et, non loin de *Margot* (1906), la sculpture *Nu debout* (1906).

Depuis 1908, Matisse vit dans l'ancien couvent du Sacré-Cœur, à l'angle de la rue de Babylone et du boulevard des Invalides (aujourd'hui lycée Victor-Duruy). Il s'est installé avec sa famille dans un pavillon dont les fenêtres ouvrent sur le jardin de l'hôtel Biron qu'occupent alors, entre autres lieux, Rodin mais aussi Isadora Duncan, de Max et Cocteau.

Lorsqu'en été 1909 les biens de l'Eglise sont restitués à l'Etat et le couvent vendu, Matisse quitte le boulevard des Invalides pour un pavillon situé 42, route de Clamart, à Issy-les-Moulineaux. La maison, d'allure bourgeoise, qu'il achètera en 1913, est entourée d'un grand jardin. Il y fait aussitôt construire un atelier en bois percé d'une grande baie, non loin d'une serre chaude pour les fleurs et d'un bassin. La maison s'orne d'objets, de tapis, d'étoffes et des œuvres de sa collection.

Jeunes filles changées en magnolias

«Voici mon jardin, dit-il en 1911 à Ernst Goldschmidt, un peintre et historien d'art danois venu lui rendre visite. Après Collioure, c'est ici que j'aime le plus être. Cette plate-bande n'est-elle pas plus belle que le plus beau tapis persan ancien. Remarquez les couleurs, à quel point l'une se distingue de l'autre et pourtant comme elles se mélangent.» Jardin et peinture se confondent en une même splendeur. L'une des premières œuvres peintes à Issy est une *Nature morte à la danse* qui mêle à la ronde du panneau de Chtchoukine des fleurs disposées au premier plan.

Et lorsqu'il peint, au début de l'année 1910, le portrait de Jeanne Vaderin, une jeune fille en convalescence à Clamart, c'est devant des tulipes en train d'éclore. Les cinq *Jeannette* qu'il modèlera d'après la jeune fille transposeront la croissance végétale, l'efflorescence des tulipes en un visage-bulbe dont Matisse se souviendra plus tard en assimilant, à son retour de Tahiti, une tête à une fleur de tiaré, telles les jeunes filles en fleurs de la *Recherche du temps perdu* «changées en magnolias». Matisse poursuit alors en sculpture la même métaphore végétale d'un corps semblable à

D ans *Jeune Fille aux tulipes* (Jeanne Vaderin), réalisée en 1910, Matisse a conjugué l'efflorescence des tulipes et le portrait d'une convalescente. Comme dans la série des *Jeannette*, il métaphorise l'énergie innée, le ressort végétal de la guérison. Les tulipes sont un simple connecteur : elles redonnent vie au modèle comme les fleurs de la *Nature morte à la danse* (au centre) communiquent à la ronde des danseurs la puissance de la terre et l'éclat aérien d'un bouquet de fleurs. Le tableau dans le tableau est une manière de repiquage. Il transplante dans une autre image les composantes énergétiques d'une peinture antérieure pour qu'elles produisent de nouveaux fruits.

une pousse jaillie de la terre qui tantôt s'enroule comme une tige *(La Serpentine)*, tantôt s'élève à la verticale avec la puissance d'un arbre *(les Dos)*.

La révélation de l'Orient

Le Salon d'automne de 1910 à peine inauguré, le 1ᵉʳ octobre, Matisse et Marquet, rejoints en cours de route par Hans Purrmann, se rendent à Munich, pour visiter les derniers jours de l'exposition d'art islamique. Le public européen est familiarisé avec l'orientalisme depuis longue date. Et Matisse a eu l'occasion de voir des expositions d'art islamique depuis 1903 ainsi que les collections de céramiques mahométanes du Louvre alors visibles qu'il range parmi «les plus remarquables qui soient».

Mais jamais autant d'exemples n'avaient été réunis. Les photographies de l'exposition montrent une profusion de tapis étalés au sol se recouvrant l'un l'autre, de tissus, de broderies et quantité de céramiques, d'émaux et de cuivres empruntés aux collections européennes et du Moyen-Orient. Ce prodigieux bazar provoqua aussitôt l'enthousiasme des trois amis.

Des miniatures aux tapis, Matisse fait l'expérience d'un espace indéterminable, strié d'arabesques ou d'écritures, échappant au «petit espace» entourant les motifs du réalisme. Cet espace non localisable, dans lequel les bords de l'œuvre ne la séparent pas de son dehors trivial mais font en sorte d'en multiplier les limites (par un luxe de chevauchements internes, d'arabesques et de bordures pour reconduire à l'intérieur l'immensité paradisiaque d'un enclos plus vaste encore), a sur Matisse une influence déterminante.

A son retour, alors que la critique continue à attaquer violemment les deux panneaux de Chtchoukine et que celui-ci se prend à contester son achat, Matisse apprend la mort de son père.

L'esprit encore accaparé par la profusion des tapis et des tentures qu'il a vus à Munich, Matisse peint à Séville, dans l'atelier qu'il a loué : *Nature morte (Séville)* et *Nature morte (Espagne)* (de haut en bas). Les fleurs de la nature morte passent dans le plan artificiel du tableau. L'étoffe peinte submerge de vagues florales le bouquet représenté. Celui-ci ne désigne plus le motif de la toile, mais sa force décorative et sa charge émotionnelle. Le rouge des fleurs éclabousse les murs.

C'est dans un état d'extrême tension qu'il quitte
Paris seul pour l'Espagne le mois suivant, à la
recherche des céramiques islamiques qu'il a pu voir
à Munich et qu'il découvrira là-bas dans leur site,
à leur échelle véritable. Il fait halte à Madrid puis
à Cordoue, Séville et Grenade, poursuivi par
l'insomnie. Il rapportera du voyage deux natures
mortes où, sur fond de rouge intense, il donne libre
cours aux mélismes décoratifs des étoffes.

Passage du géranium
à la multiplicité
contagieuse des fleurs
peintes, du rouge
des pétales au pourpre
des passions, le châle
rouge de Manille de
L'Espagnole arbore
un trophée décoratif
à la façon d'une icône
espagnole.

Œuvre clé de la *démonstration* matissienne, *La Conversation* a donné lieu à une étonnante fortune critique. Pour Pierre Schneider, elle est une scène de genre (la dispute des époux Matisse) transformée en icône byzantine que la fenêtre domine de sa «centrale pureté». Mieux, *La Conversation* serait une Annonciation muée en Épiphanie, la révélation de la religion du peintre. Pour Jack Flam, qui y voit la réplique de la stèle d'Hammurabi du musée du Louvre, il s'agirait non plus d'une visitation mais du monologue du peintre moderne. Le NON que Flam distingue dans les linéaments du balcon s'adresserait aussi bien aux époux qu'au spectateur qu'il isolerait de la scène en lui opposant la pure opticalité du tableau. L'interprétation sacralisante et la vision formaliste se rejoignent sur un point : *La Conversation* est emblématique de l'œuvre toute entière. Rapportée à la *Desserte rouge*, son pendant, *La Conversation* revêt le rouge charnel d'un bleu abstrait. On sait que la *Desserte* fut d'abord bleue. Sur le versant des symboles, la couleur aura toujours raison des secrets révélés.

Les ateliers symphoniques

Après son retour à Issy, au début de l'année 1911, Matisse disposera tapis, paravents et tissus dans le premier des quatre «ateliers symphoniques», comme le désignera Jack Flam, *L'Atelier rose*. Le tableau oppose la matérialité des étoffes au décor évanescent de l'atelier comme si l'espace décoratif avait vidé l'espace réaliste de toute consistance en dépit de la présence, dans le tableau, de ses propres sculptures.

Peu après avoir fini *L'Atelier rose* au printemps, il commence un autre grand intérieur intitulé *La Famille du peintre*, qui généralise la présence du décor floral à toute l'étendue du tableau. C'est la famille elle-même qui devient ici l'accessoire du décor-roi et le corrélatif symbolique de la peinture. Composé d'entités isolées, semblables aux pièces d'un jeu d'échecs qui absorbe l'attention des deux fils, disposés en miroir, le cercle familial est pour la

" Ce tout ou rien est bien fatiguant», écrit Matisse à Michael Stein le 26 mai 1911 à propos de *La Famille du peintre (portrait de famille)* (page de gauche). Rien pourtant ne transparaîtra de ce combat dans ce tranquille tableau de famille, saturé de motifs, où Matisse se souvient de Vuillard et de Bonnard. Pierre et Jean jouent aux dames, Madame Matisse brode et Marguerite tient un livre à la main. Ci-contre, carte postale à Michel Stein (1911) avec un croquis du tableau.

première fois représenté. Son rôle est «purement spectaculaire», comme le dira Matisse quelques années plus tard. Il sert à coordonner une pièce décorative omniprésente qui étouffe la scène subjective et familiale et lui ravit l'attention.

Troisième intérieur de ce quatuor, l'*Intérieur aux aubergines*, peint à Collioure durant l'été, confère à l'agencement de l'espace une complexité qui relève, comme le suggère André Chastel, d'un *effet Vélasquez*. Le jeu des multiples cadres et miroirs désignent le caractère

Matisse à Collioure en compagnie de Madame Matisse, une servante (debout), Olga Merson, Marguerite, le peintre Albert Huyot (debout) et le père de Madame Matisse, M. Parayre.

énigmatique de l'œuvre, proclamant tout à la fois la souveraineté du peintre et la multiplicité des différents espaces qu'il met en scène. A l'inverse, l'*effet Vermeer* des deux précédents exaltait le caractère contemplatif d'un art ornemental.

Dernier des «ateliers symphoniques», *L'Atelier rouge* abandonne l'éloge décoratif et ses motifs secondaires pour célébrer d'abord, par un *effet Rembrandt*, la contemplation multipliée du tableau, son unicité lumineuse par la seule exposition des œuvres unies à travers la couleur rouge, «dans l'esprit de celui qui observe». Rouges étaient les paysages fauves. Rouge le souvenir de l'œuvre. De cette *couleur autre* des tableaux de Pieter de Hooch que le narrateur de *A la recherche du temps perdu* aperçoit au loin «dans le velouté d'une lumière interposée».

Intermède moscovite

Peu de temps après avoir achevé *L'Atelier rouge*, à la fin du mois d'octobre 1912, répondant à l'invitation de Chtchoukine, Matisse se rend à Moscou avec le collectionneur, *via* Saint-Pétersbourg. Le 24 du mois, il visite la maison de Chtchoukine qui compte déjà vingt-cinq de ses tableaux au côté des Cézanne, Monet et Gauguin. Son séjour à Moscou ne passe pas

Chtchoukine (en haut) fut l'un des plus grands collectionneurs de Matisse. En 1914, quand a été prise la photo de sa salle à manger (ci-contre), la collection comptait trente-sept de ses toiles.

inaperçu : il est le premier et le plus célèbre des peintres français à se rendre en Russie et la presse le suit pas à pas. Malgré ses succès, son œuvre rencontre l'hostilité violente de l'avant-garde pour qui il appartient déjà au passé. Matisse quitte Moscou le 22 novembre par un temps «épouvantablement» mauvais avec l'intention arrêtée de retrouver le Sud au plus tôt, pour y «chercher le soleil».

L'*Atelier rouge*, tout comme la *Desserte (harmonie rouge)*, a d'abord été un atelier bleu pâle souligné d'ocre jaune.

Le sublime vivant

Le 29 janvier 1913, le peintre est sur le pont du Ridjani qui l'emmène, en compagnie d'Amélie Matisse, vers Tanger. «Temps splendide», écrit-il à Marguerite, restée à Paris. Marquet qui était venu au Maroc l'été précédent l'avait convaincu d'aller y passer la saison d'hiver, se proposant même de le rejoindre, mais il ne viendra pas, malgré les appels répétés de Matisse. Un déluge de pluie accueille les voyageurs, qui s'installent à l'hôtel Villa de France.

Le 1er mars, Matisse écrit à un camarade : «Je suis à Tanger

Matisse en Rifain devant la baie de Tanger. Costumes et accessoires seront les *opérateurs* préférés de ses tableaux à venir.

depuis un mois. Après avoir vu pleuvoir quinze jours et quinze nuits, comme je n'ai jamais vu pleuvoir, le beau temps est venu, charmant, tout à fait délicieux de délicatesse.» «Quelle lumière fondue, confie-t-il le même jour à Manguin, pas du tout Côte d'Azur, et la végétation normande comme ardeur mais quel décoratif !!! comme c'est neuf aussi, comme c'est difficile à faire avec du bleu, du rouge, du jaune et du vert.»

Delacroix avait été semblablement ébloui en février 1832 par l'étourdissement des couleurs tangerines, ajouté au «sublime vivant» des costumes «exactement antiques», les caftans jaunes, bleu foncé, jaune serin, les étoffes amarantes, écarlates, une bride rouge et par-dessus tout «la mer bleu-vert foncé comme une figue» sous un «soleil du diable».

Retenu à son hôtel, Matisse peint, dans sa chambre, un bouquet d'iris bleus *(Le Vase d'iris)*. Il représentera les jours suivants la baie de Tanger sous un ciel encore lourd. Le beau temps revenu vient recouvrir le *Paysage vu de la fenêtre* d'un bleu magenta intense. La corbeille d'oranges marque le retour définitif du soleil.

"C'était immense, avec des prairies à perte de vue, dira Matisse du jardin de la Villa Brooks où il peint *Les Acanthes* (ci-dessus), première des trois peintures de jardin marocain [....] Mon esprit était exalté par ces grands arbres, très hauts, et, dans le bas, ces acanthes si riches qui formaient comme un équivalent d'intérêt par leur somptuosité.»

Ouverture marocaine

Le thème du jardin fixé au cours de nombreuses séances de travail dans *Les Acanthes*, les deux tableaux suivants s'apparenteront à des variations plus libres et plus instantanées.

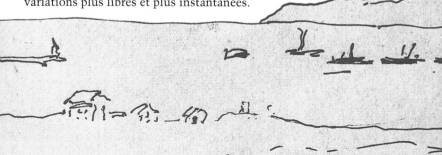

La palme, dira-t-il à Alfred Barr, «est une création spontanée, comme une flamme dans un élan».

Le 19 avril, Matisse est de retour en France. Le bleu de la *Fenêtre à Tanger* envahit désormais *La Conversation*. Dès la fin du mois de septembre, il retourne à Tanger pour y peindre deux paysages que lui a commandés Morosov, un ami de Chtchoukine. Les vert tendre et les bleus virescents du printemps ont cédé la place à l'ocre «peau de lion» de la sécheresse. Privé des motifs qui l'ont «exalté» au printemps, il fait des promenades à cheval, lit «les exploits d'Arsène Lupin et la philosophie de Bergson». Camoin et Amélie Matisse le rejoignent. Il peint une nouvelle ouverture marocaine, *La Porte de la casbah* recouvrant d'un bleu tendre le vert amande et l'ocre rose de la première esquisse, la porte elle-même s'ouvrant comme une fleur au bulbe agrandi. Le tableau formera avec *Vue de la fenêtre* et *Sur la terrasse* un triptyque tout entier dédié au «bleu adorable» des romantiques. Dès lors, triptyques

Paysage vu de la fenêtre (en bas à droite) fait partie avec *La Porte de la casbah* (en bas à gauche) du second triptyque marocain que Morosov achètera. Matisse intitulera la vue de la fenêtre de sa chambre «le paysage bleu». Lors de son second séjour à Tanger, il reprendra le tableau, recouvrant le vert tendre et le rose violet de la première version du bleu délicieux qui envahira à son tour la porte Bab El Aassa sur les hauts de la casbah de Tanger.

Zorah assise (ci-contre), dessinée à l'encre noire sur la toile blanche. Matisse peindra la jeune fille à plusieurs reprises lors de ses deux séjours tangerins. Cette grande ébauche signée a-t-elle été conçue comme la figure centrale du triptyque marocain formé par *Paysage vu de la fenêtre*, *La Porte de la casbah*, et *Sur la terrasse* (ci-dessus)? Matisse a peut-être aussi commencé son tableau par lui-même avant que Zorah, rattrapée par ses frères, ne lui échappe. Après avoir fixé comme ici lors d'une première séance «plus ou moins volontairement» l'apparence du modèle au cours d'une «rêverie ininterrompue», Matisse transforme la jeune fille en thème pictural à la façon de la Vierge des icônes russes.

floraux et suite de Maures en caftans transporteront à l'intérieur l'effervescence et la sauvagerie du printemps. Le séjour marocain prendra fin à la mi-février avec un panneau décoratif peint à la détrempe sur le thème du café arabe : vision suspendue, extase lumineuse, expression accomplie du «plein calme» qu'il était venu trouver à Tanger.

Le sacre du printemps

De retour à Issy-les-Moulineaux au printemps 1913 *via* Marseille et la Corse, Matisse peindra des tableaux qui seront autant de réminiscences tangerines.

Un champ bleu magenta y recouvrira le vert amande de *Fleurs et céramiques* et de la *Fenêtre bleue (la glace sans tain)*. Sorte de nimbe cézannien ou de voile interposé entre la géométrie du cubisme et les souvenirs marocains, la couleur bleue maintient ensemble pour quelque temps encore la généralité de l'Orient et le monde objectif de la nature morte ou du paysage encadré.

Il reprend durant l'été, en le construisant davantage, le *Dos I* et son immense panneau sur le thème des *Baigneuses à la cascade* dont il avait adressé au printemps 1909 l'esquisse à Chtchoukine dans l'idée de compléter *La Danse* et *La Musique*. L'œuvre (qui prendra pour titre *Les Demoiselles à la rivière*) dresse ses chenaux verticaux vermillon, bleus et verts, dans un jardin marocain, à la manière d'une variation picturale des *Dos* monumentaux auxquels il travaille au même moment. Matisse aborde ce tableau avec un sentiment très différent de ses

Le tableau *Poissons rouges et palette* (ci-dessous) proclame en pleine guerre la valeur active et constructive du travail du peintre.

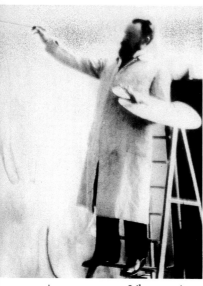

premiers panneaux. L'heure n'est plus à la célébration de la vie et des rondes printanières mais à l'angoisse que fait naître la guerre. C'est au sacrifice du second acte du *Sacre du printemps* de Stravinsky, intitulé «Le Baiser de la terre» que fait songer *Les Demoiselles à la rivière* : «Jour et nuit, décrit le livret, les pierres sont dans les collines. Les jeunes filles y tiennent des jeux secrets. Et glorifient la victime.» Le tableau fera alterner le vert, le noir, le blanc et le gris au lieu des couleurs de *La Danse* et de *La Musique* dans lesquelles il avait été commencé.

C'est dans ce climat d'inquiétude qu'il peint le dernier portrait d'Amélie. Le visage disparaît sous les traits d'un masque baoulé. Les «belles heures marocaines» sont loin. Il entreprend à cette même époque un autre grand panneau décoratif intitulé *Les Marocains*. Aux blocs sonores du *Sacre* font écho ici les blocs lumineux noirs, gris et ocre jaune qui construisent abstraitement le tableau. Avant que les Allemands n'envahissent la France, Matisse peint Notre-Dame tel un bocal de poissons rouges, fragile rempart transparent contre la guerre qui vient.

Matisse à Issy-les-Moulineaux, photographié en mai 1913 par Alvin Langdon Coburn devant *Les Demoiselles à la rivière (baigneuses, jeunes filles au bain)* (pages suivantes). Le grand panneau ne sera achevé qu'à l'automne 1916. Sa construction formelle fait écho au cubisme de Picasso et semble répliquer aux *Demoiselles d'Avignon* mais pour mieux confirmer son primitivisme décoratif. Puvis de Chavannes et Hodler mais encore Rodin ne sont pas absents de ces grandes baigneuses cézanniennes que l'irruption d'un serpent n'émeut point.

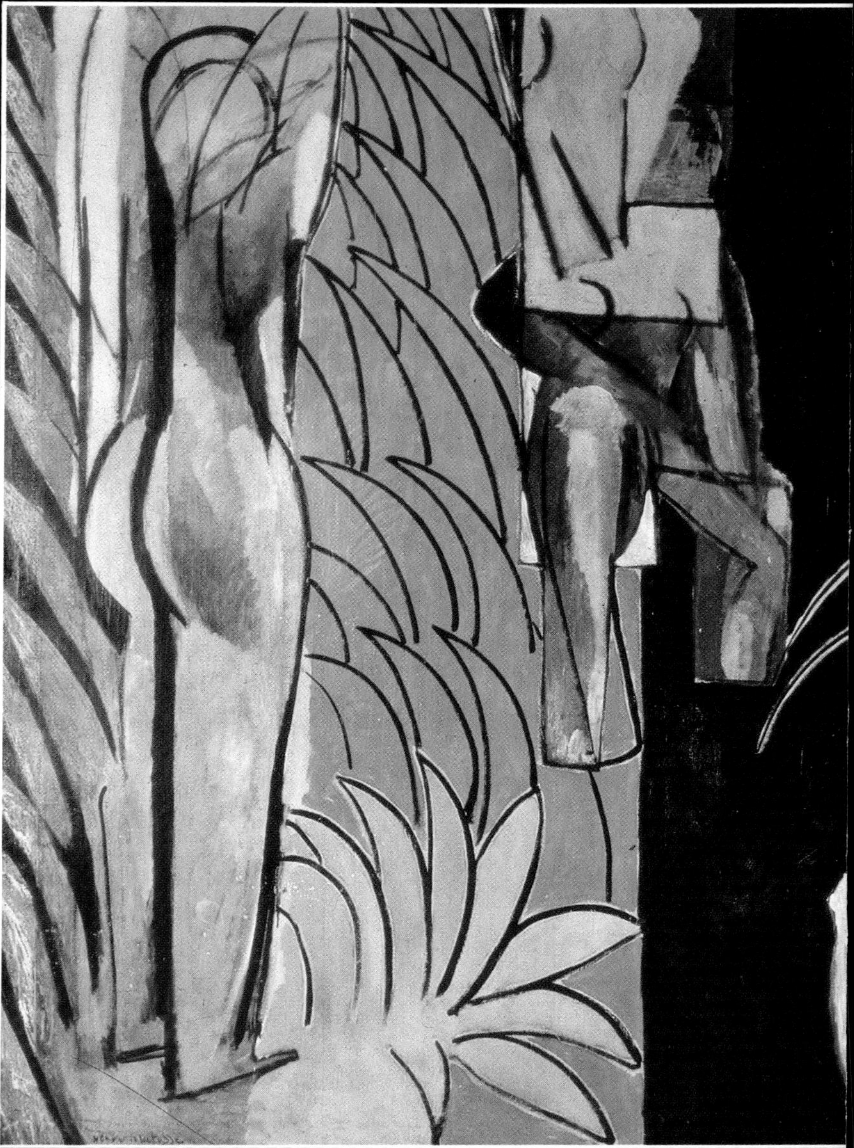

Matière et mémoire

Lorsque éclate la guerre, le 2 août 1914, Matisse vient de terminer le *Portrait d'Yvonne Landsberg, magnum opus* des portraits de ces dernières années après ceux de Mabel Warren (dessin) et de Marguerite Raynal *(Femme sur un tabouret)*. Tableau longtemps travaillé et effacé qui procède, comme les *Jeannette*, d'une assimilation poétique de la jeune femme à une fleur – un bouton de magnolia –, dont l'efflorescence déploie autour du modèle une succession d'orbes expansifs.

Ce printemps-là, Matisse s'est intéressé à un article de *L'Intransigeant* sur la possibilité de photographier l'âme au moment où elle quitte le corps. Le spectre graphique du tableau sur fond monochrome gris-violet enregistre la radiation d'un mouvement semblable.

Le peintre se montre alors très sensible à la philosophie de Bergson, dont lui parle Matthew Stewart Prichard, philosophe et numismate bostonien. Il est également en contact avec les cubistes Juan Gris, Gleizes, Metzinger qui viennent lui rendre visite. Il fréquente Séverini qui s'apprête à tourner le dos au futurisme pour devenir le chantre d'un nouveau classicisme hérité des anciens Italiens. Walter Pach l'entretient des réunions du Nombre d'or. Les expositions le mettent aussi en rapport avec la Brücke et le Blaue Reiter.

Sur les murs de l'atelier, il a épinglé une photographie du *Christ mort* d'Andrea Mantegna. Avec Marquet, il se rend chez Marcel Sembat, député et ministre des Travaux publics, pour se porter volontaire. «Derain, Braque, Camoin, Puy sont au front, risquant leur peau. [...] Nous en avons assez

En 1914, Matisse rencontre plus souvent Picasso et se lie d'amitié avec Juan Gris (photographié ci-dessous avec Josette Gris). Peinte dans les premiers mois de 1914, la *Femme sur un tabouret* a pour modèle l'épouse du critique et historien du cubisme Maurice Raynal.

« À la fin de la première séance de pose, notera Albert Landsberg à propos du *Portrait d'Yvonne Landsberg* (ci-contre) précédé par sa gravure à l'eau-forte (ci-dessus), le portrait à l'huile était un portrait extrêmement reconnaissable du modèle mais il devint de plus en plus abstrait [...] À chaque séance de pose, le portrait ressemblait physiquement moins – mais sans doute spirituellement plus – à ma sœur. La couleur depuis le début était superbe bleu acier, gris acier, noir et orange et blanc, que la peinture laissait transparaître à travers ses mystérieuses lignes blanches qui incisaient la surface». Matisse dira à Alfred Barr que ses lignes «sont des lignes de construction que j'ai mises autour de la figure de façon à lui donner plus d'ampleur dans l'espace».

de rester à l'arrière. Comment pourrions-nous servir le pays ?» Sembat leur répond sans détour : «En continuant, comme vous le faites, à bien peindre.»

Du noir sur le vert amande

Bohain-en-Vermandois est depuis les premiers jours de l'offensive de Moltke, au début du mois d'août, derrière les lignes de front. Le frère de Matisse, officier de réserve, sera retenu en otage à Heidelberg. Dans ses lettres, il fait part de son angoisse, de son attente continuelle et de l'absence de nouvelles de sa famille. Après que les journaux eurent annoncé le 26 août le repli des armées françaises de la Somme aux Vosges, Matisse et sa famille quittent Issy-les-Moulineaux pour Toulouse *via* Nantes et Bordeaux, où Fénéon a placé les tableaux de la galerie Bernheim en sécurité.

Le 10 septembre, Matisse s'installe à Collioure en compagnie d'Amélie et de Marquet. Il retrouve Juan Gris avec qui il parle «avec acharnement» de peinture. Tous deux se rendent bientôt à Céret chez le sculpteur Manolo. Comme en Bretagne, en 1897, Matisse peint une porte-fenêtre dans les tonalités vert amande de Tanger que le noir recouvrira. De retour à Paris en novembre, il réalise une série d'eaux-fortes au profit des prisonniers civils de Bohain.

Dans un article consacré aux estampes et à la guerre, Clément Janin fera l'éloge en 1917 de leur inspiration française (Ingres, Rodin), de la pureté de leur dessin et de leur destination patriotique. Il cherche aussi à aider Gris auprès de ses collectionneurs et prend en charge les affaires de Derain.

Découvreur du symbolisme en peinture dans les années 1880, Félix Fénéon dessiné ici par Vallotton, devenu chroniqueur à la *Revue Blanche*, rencontre Matisse à Saint-Tropez. C'est grâce à lui que le peintre sera pris sous contrat en 1908 chez Bernheim-Jeune.

En janvier 1914, il loue à nouveau un atelier au quatrième étage du 19, quai Saint-Michel, où il retrouve Marquet. «Mon travail continue, écrit-il à Camoin, je sais mieux ce que je sais.» Alors qu'il peint *Poissons rouges et palette* à l'automne 1914, il emprunte à Bernheim un petit tableau de Seurat «plus fort, plus

«Nous sortons du mouvement réaliste. Il a amassé des matériaux. Ils sont là, confiait Matisse à Charles Estienne en 1909. Il nous faut maintenant commencer un énorme travail d'organisation.» La nature morte d'après la *Desserte* de Jean David de Heem (à droite), peinte durant l'été 1915 d'après sa copie de 1893 et les dessins d'étude (en haut à droite), témoignent de cette exigence que le cubisme avait, aux yeux de Matisse, assumée.

précis, plus coloré» que celui qui
se trouve déjà sur son mur, non loin
d'une photographie de Delacroix
(La Lutte avec l'ange, Saint-Sulpice)
et une lithographie d'après un
tableau de fruits et feuillages
de Cézanne qu'il vient de réaliser
pour la galerie Bernheim.

Le 22 novembre 1915, il achève
la grande variation d'après sa copie
de David de Heem «selon les
méthodes de la construction
moderne» que Paul Rosenberg
acquiert aussitôt. «J'ai vu chez
lui un nouveau Picasso, écrit-il à
Derain, un arlequin d'une manière
nouvelle, sans collage, rien
qu'en peinture. Peut-être
le connaissez-vous ?»

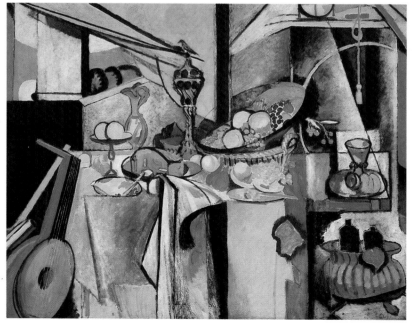

En 1914, Picasso peint *Le Peintre et son modèle* (ci-dessus). Saisi par le doute après le départ de Braque et de Derain, Picasso trouvait refuge dans la tradition française. Deux ans plus tard, *Le Peintre dans son atelier* (ci-contre) montre *a contrario* la persévérance de Matisse dans la voie de la simplification formelle ouverte en 1914. La guerre n'interrompt pas le colloque sentimental de l'artiste et de ses modèles. Sans doute les angles se durcissent-ils et la petite pièce à la vue interrompue et au plafond pesant en deux parties adverses est-elle partagée. Mais l'essentiel demeure le peintre à l'ouvrage, si isolé, si absent soit-il du théâtre des opérations.

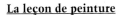

La leçon de peinture

Matisse recommence *Les Marocains*, tout en poursuivant *Les Demoiselles à la rivière*, version moderne du tableau de Courbet, *Les Demoiselles au bord de Seine*. Au même moment, il achète un tableau de Courbet, *Femme blonde endormie*, qui lui inspire un *Nu endormi* de facture classique.

Courbet, dans *L'Atelier* (1855), avait donné à Picasso le sujet du tableau *Le Peintre et son modèle*

(1914) comme une esquisse naturaliste. Il ne sera pas absent non plus du tableau que Matisse peint en hiver 1916-1917 sur ce même thème. A l'artiste mélancolique que représente Picasso (qui ne peint pas) répond l'artiste au travail selon Matisse : relais anonyme d'une lutte que mènent le modèle, la fenêtre, le miroir et le tableau, protagonistes de sa guerre en peinture.

Quelques mois plus tôt, à la fin de l'été 1916, il avait peint une monumentale *Leçon de piano* qui proposait une définition du créateur solitaire et de son

entreprise contradictoire, partagée entre les grands dualismes que représentent la *Figure décorative* de 1908 et la *Femme sur un tabouret* (1914), que *La Leçon* impose précisément de réunir.

L'été suivant, tandis que la guerre totale est engagée et alors que des signes de lassitude apparaissent au sein de l'armée et dans la population, Matisse peint un sujet voisin : *La Leçon de musique*. Le thème du tableau est pourtant tout différent. Il ne s'agit plus de figurer l'artiste aux prises avec son œuvre mais la famille du peintre réunie une dernière fois et dont Matisse s'efforce de présenter l'image encourageante qu'on attendait d'elle durant l'«année trouble».

Pierre a devancé l'appel et partira dans les tanks. Jean sera muté dans les services auxiliaires de l'aviation. La leçon de patriotisme et la vertu familiale, comme le suggère Kenneth Silver, ont finalement eu raison du *brutal égotisme* de l'artiste, le temps d'un tableau.

Comme dans la *Leçon de piano*, Matisse rappelle qu'il n'est rien de plus urgent pour un artiste, qu'il fût jeune apprenti (ainsi que son fils Pierre à son piano) ou ayant passé l'âge de s'engager, comme lui que de bien jouer sa partie.

«Tout était faux, absurde, épatant, délicieux», se souviendra Matisse de sa chambre d'hôtel à Nice où il a trouvé refuge à la fin de l'année 1917. Le décoratif, mis à nu par ses décors mêmes : tel sera le maître thème de la période de Nice jusqu'à ce que les souvenirs d'Océanie n'en bousculent le petit théâtre à l'italienne.

CHAPITRE V
LES OBJETS DE MA RÊVERIE

Figure par excellence des années niçoises, Henriette Darricarrère n'est pas un simple objet pictural ,comme l'*Odalisque* de 1925-1926 (page de gauche), mais une partenaire sur la scène théâtrale de la peinture (à droite, avec Matisse dans l'appartement de la place Charles-Félix, en 1921). Elle-même peintre et musicienne, Henriette joue sa propre partition au sein de la famille des modèles du peintre.

«Dans ces temps difficiles, se souvient Matisse, j'attendais les communiqués, le courrier. Je ne pouvais plus m'absorber dans une œuvre qui aurait demandé trop longtemps pour concrétiser mes sentiments. J'allais faire du paysage.»

Pour ces séances qui le conduisent dans les bois de Trivaux, à Maintenon, à Chenonceaux et sur les rives de la Seine, il a acheté une Renault 11 qui lui permet de se transporter facilement avec tout son «fourniment» dans les bois. La raison de ce retour au paysage n'est pas fortuite. Elle appartient au «domaine français», celui de Corot et de Monet, et le conduira chez ce dernier à Giverny puis chez Renoir quelques mois plus tard sur la Côte d'Azur.

Depuis 1914, après son refus de retourner à Tanger, Matisse n'avait pas manqué de revenir vers le Sud. En décembre 1915, il se rend à Marseille avec Marquet. Il

Matisse à l'hôtel Beau-Rivage, photographié par Georges Besson devant son *Autoportrait*.

comptera y retourner, en janvier 1916, dans l'idée de trouver un atelier, sans parvenir à mettre son projet à exécution. Mais il y reviendra à la fin du mois d'octobre 1917 en compagnie de Marquet, le temps de peindre deux portraits du critique Georges Besson dans sa chambre d'hôtel et de reprendre un dessin d'arbre à l'Estaque.

Pour peindre et se dépeindre, Matisse se place hors de chez lui comme dans l'*Autoportrait* (à gauche). A bonne distance du modèle familial, il peint l'intimité retrouvée avec soi. Le pouce et l'index d'un pinceau démonstratif pour attribut de sa puissance créatrice.

Chambre avec vue

La bronchite contractée sur le motif, à cause du vent, le chassera de Marseille. C'est à Nice, réputé pour son climat et ses hôtels, qu'il viendra la soigner. Il s'y installe le 20 décembre 1917 à l'hôtel Beau-

Nice est d'abord cet éclat retrouvé. Qu'importe alors les dimensions réduites d'une chambre d'hôtel.

Rivage dans une petite chambre sur la mer. Il met
à profit le mauvais temps qui dura tout un mois pour
peindre une suite d'intérieurs à la façon rapide des
pochades impressionnistes de l'été, rendues
seulement plus scintillantes à la lumière de Nice,
et l'*Intérieur au violon*, en souvenir des œuvres
géométriques de l'année 1916.

Le 31 décembre, il rend visite à Renoir : «Comme
je l'admirais beaucoup, dira-t-il à Picasso – qui partage
en 1919 son engouement pour le peintre dont il fait
un portrait *post mortem* et une variation d'après
le couple Sisley – j'allais le voir dans sa maison
de Cagnes, Les Collettes. Il me reçut cordialement».
Renoir, à qui il présente les tableaux peints depuis
son arrivée, le félicite malgré son «air plutôt
désapprobateur» pour la justesse de ses noirs. Un jour
que Matisse lui apportera de nouveau ses tableaux,
Renoir lui lancera : «Oui, ce n'est pas mal, mais pas
assez Courbet.» Il déclarera à la mort du peintre en
juin 1919 : «Oh ! Renoir était une merveille. [...] J'ai
toujours pensé qu'aucune époque n'offre d'histoire

"C'est l'une de mes
plus belles toiles»,
disait Matisse à Duthuit
de l'*Intérieur au violon*
(en haut à gauche).

plus noble, plus héroïque, d'accomplissement plus magnifique que celui de Renoir.» L'exemple de Renoir rend moralement possible son retour à l'Orient que le séjour à Marseille lui avait laissé entrevoir, sans qu'il ait pu alors le formuler.

Les accessoires du peintre

«Moi, écrit Matisse à Camoin le 10 avril 1918, je suis accroché ici par des paysages au col de Villefranche et je ne compte pas retourner avant d'en avoir sorti quelque chose de bon, j'espère.» C'est alors qu'il décide de rester à Nice, et d'y organiser sa vie selon son œuvre. Les jours de pluie, il peint des fleurs dans l'atelier qu'il a loué (de février à avril 1918), 105, quai du Midi.

«Je travaille aussi à l'Ecole des Arts Décoratifs, dirigée par Audra, un ancien de chez Moreau. Je dessine la nuit et je… le modèle, j'étudie avec le *Laurent de Médicis* de Michel-Ange : j'espère de mettre en moi la conception claire et complexe de la construction de Michel-Ange, écrit-il à Camoin.»

Matisse réalisera *Le Violoniste à la fenêtre* (page de gauche à droite) en 1918. Un grand fusain sur toile, *Le Violoniste* (en bas), restera inachevé. Matisse y représente son fils Pierre s'exerçant au violon.

Ci-dessus, visite à Renoir, que lui présente Georges Besson, dans la maison des Collettes à Cagnes-sur-mer. De gauche à droite : Claude Renoir, Greta Prozor, Matisse, Pierre Renoir et Auguste Renoir.

En mai, il s'installera dans une villa du Mont-Boron au-dessus de la ville, non loin d'un parc exubérant. Comme chaque année désormais, il rentre à Paris pour la saison d'été avant de revenir vers Nice à l'automne. Son exemple n'est pas isolé. Apollinaire évoque en avril 1918 l'exode des peintres : «Matisse est à Nice, Kisling est sur les bords de la Méditerranée auprès d'Iribe et de Signac. Juan Gris, Ortiz de Zarate, Modigliani, Van Dongen, Georges Braque quittent aussi la capitale pour la campagne d'Avignon.»

Matisse s'est installé cette fois dans un «vieil et bon hôtel», l'hôtel de la Méditerranée et de la Côte d'Azur dont il aime les jolis plafonds à l'italienne, les carrelages et les persiennes filtrant une lumière «d'en dessous comme d'une rampe de théâtre» (à Francis Carco).

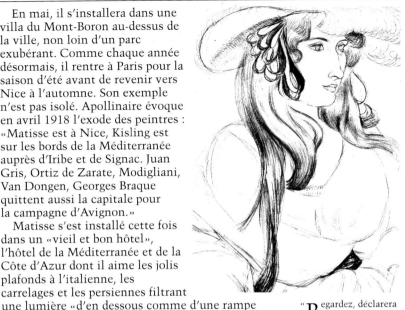

Les accessoires niçois fixent le thème de séries entières, ordonnées autour d'une ombrelle, d'un paravent, d'un miroir... L'héroïne de cette féerie s'appelle Antoinette Arnoux, qui succède à la Laurette des derniers tableaux parisiens. Un seul chapeau à plumes donnera son sujet à «toute une série de dessins [...] faits d'après un seul détail».

Thé dans un jardin français

Au cours de l'été 1919, Matisse peint à Issy un grand panneau décoratif dont le thème, *Le Thé dans un jardin*, et les dimensions (140 x 211) évoquent la peinture de Monet. Lily, un briard que lui a offert Lebasque, se frotte l'oreille tandis que Marguerite joue avec son soulier. Amélie, souffrante depuis la fin de la guerre, est remplacée par Antoinette, le modèle niçois. Nul paradis pourtant dans ce jardin où l'on dissimule mal son ennui, n'était, subrepticement, le souvenir des palmes de Biskra au second plan et

"Regardez, déclarera Matisse à Ragnar Hoppe en 1919, ce portrait de jeune femme – *Le Chapeau à plumes* (ci-dessus) – avec une plume d'autruche. On voit la plume comme ornement, comme élément décoratif mais elle est en outre une matière, on sent pour ainsi dire sa légèreté et le duvet doux, impalpable, sur lequel on n'est pas loin de pouvoir souffler [....] Je veux à la fois rendre ce qui est typique et ce qui est individuel, un résumé de tout ce que je vois et que je sens devant un sujet».

les grands arbres du jardin Brooks sous l'ombrage.

En mai, Cocteau a éreinté son exposition chez Bernheim, la première depuis 1913 : «Voici le fauve ensoleillé devenu un petit chat de Bonnard. L'atmosphère de Bonnard, de Vuillard et de Marquet règnent dans la salle.»

Les *Jeunes filles au paravent mauresque* (1900) sont Henriette Darricarrère et Marguerite Matisse. Pages suivantes, *Le Thé dans un jardin* (1919).

«J'ai travaillé en impressionniste, dit-il à Ragnar Hoppe, cet été-là, directement d'après la nature et j'ai ensuite cherché la concentration et une expression plus intense aussi bien dans les lignes que dans les couleurs ; alors il fallait bien évidemment que je sacrifie en partie d'autres valeurs, la matière, la profondeur dans l'espace et la richesse du détail. Maintenant, je voudrais réunir tout cela et je pense en être capable avec le temps.»

Décor d'Henri Matisse   LE CHANT DU ROSSIGNOL

Igor Stravinsky et Sergueï Diaghilev lui rendent visite pour lui proposer de réaliser les décors d'un ballet d'après un conte lyrique en trois actes intitulé *Le Rossignol*, commencé par Stravinsky en 1908 et repris en 1914 sous le titre *Le Chant du rossignol*. Matisse accepte. L'idée musicale d'une Chine imaginaire, chorégraphiée par Massine aux couleurs orchestrales de Stravinsky, le séduit aussitôt. «Alors j'appris ce que pouvaient être avec des couleurs se déplaçant les costumes. Les couleurs se déplacent et doivent tout de même laisser la même expression au décor» (à Clara Mac Chesney, 1913). Il ira à Londres dès septembre pour travailler aux décors et aux costumes.

«Au moment du *Rossignol*, dit-il à Courthion, il y avait une cabale des cubistes. Toutes les personnes qui me disaient d'ordinaire bonjour me tournaient le dos. Il fallait que tout le succès aille au ballet de De Falla, avec le décor de Picasso.»

Quelques jours avant la création du ballet, à l'Opéra de Paris, le 2 février 1920, sa mère meurt à Bohain. L'été suivant, Matisse ira vers le Nord, à Etretat, sur les traces de Courbet et de Monet mais aussi de Chardin et de Manet, si présents dans ses raies et ses poissons, déposés sur la plage, au pied des falaises, à la façon d'une offrande à son pays d'enfance et à sa mère.

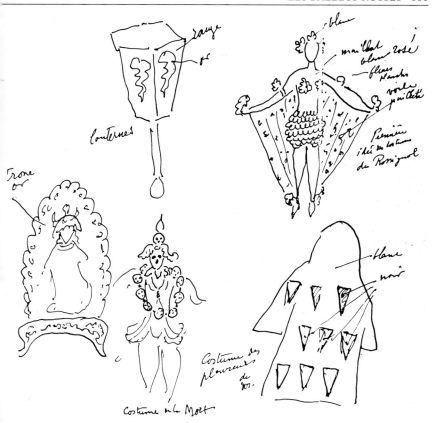

rouge
or

lanternes

Trône
or

Premier
idée du costume
du Rossignol

bleu
maillot
bleu   rosé
fleurs
blanches
voile
paillelé

blanc
noir

Costume des
pleureurs
de Xor.

Costume de la Mort

<u>Décors privés</u>

Le peintre revient à Nice à la fin septembre après la
parution d'un livre de dessins qu'a publié la galerie
Bernheim-Jeune : *Cinquante Dessins* par Henri
Matisse avec une préface de Vildrac. L'ouvrage fait
suite à la sortie de la monographie de Marcel Sembat
dans la collection «Les Peintres nouveaux», et
précède un autre livre d'hommage collectif également
édité par la galerie.

   Un nouveau modèle apparaît : Henriette

Les décors (en haut
à gauche) et les
costumes (ci-dessus,
dessins préparatoires)
du *Chant du rossignol*
faisaient alterner le
vert et le rose, le bleu
clair et le jaune safran
sur un fond blanc. A
gauche, Stravinsky
photographié en 1911
et au centre, Diaghilev
photographié en 1916.

Matisse sculptant *Henriette II* (à gauche). Au premier plan, le *Grand Nu assis* en cours d'exécution. Sur le mur, l'*Odalisque au tambourin* aux côtés d'un masque nègre. Le *Grand Nu assis* (ci-dessous) agence des blocs discontinus en les distribuant tout au long d'une arabesque virtuellement

Darricarrère, qui posera jusqu'en 1927. Il s'installe l'année suivante 1, place Charles-Félix, au troisième étage de la maison du comte de Pierlas, située à l'extrémité du marché de la vieille ville, face à la mer. C'est dans cet appartement aux papiers peints saturés de motifs qu'il composera selon la tonalité propre à chacun de ses tableaux, un «petit théâtre oriental privé» (Jean Guichard-Meili) fait d'étoffes festonnées, de draperies, de tapis et de moucharabiehs, disposés alentours pour mettre en scène les *Odalisques* qu'il peindra jusqu'à son départ pour Tahiti.

De nombreux événements viennent ponctuer sa vie privée durant les années 1920 : expositions à Paris et à l'étranger, achats de ses nouveaux collectionneurs, mais aussi le mariage de Marguerite avec le critique et historien de l'art byzantin, Georges Duthuit, et le départ de Pierre pour New York, où ce dernier ouvrira une galerie. «Oui, j'avais besoin de souffler, dira-t-il à André Verdet, de me laisser aller au repos dans

illimitée. En haut, *La Nuit*, détail du tombeau de Julien de Médicis par Michel-Ange.

l'oubli des soucis, loin de Paris. Les *Odalisques* furent le fruit à la fois d'une heureuse nostalgie, d'un beau et vivant rêve et d'une expérience vécue quasiment dans l'extase des jours et des nuits, dans l'incantation d'un climat.»

Une sculpture réalisée entre 1923 et 1925 domine la décennie : le *Grand Nu assis bras levés* issu des dessins qu'il a réalisés d'après *La Nuit* de Michel-Ange à l'Ecole des

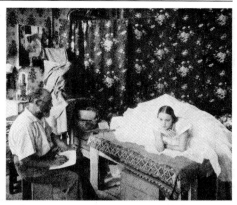

Arts décoratifs de la ville. Lauréat du prix d'émulation du club nautique de la ville où il pratique chaque jour l'aviron, Matisse expérimente la posture dynamique de la sculpture en regard des surfaces décoratives qui revêtent l'appartement. Contrepoids au décor, la figure sculpturale restaure la tension qui menaçait de se perdre dans la lumière évanescente des premiers intérieurs niçois. «Avec les *Odalisques*, je ne renonce pas à ce que j'avais récemment gagné, dira-t-il encore à André Verdet, mais je fais retour à une vibration de la profondeur,

Le nonchaloir niçois est une mise en scène. Henriette Darricarrère pose sur le plateau surélevé d'un théâtre qui affirme l'égalité ornementale du modèle et du décor. Matisse connut-il le théâtre symboliste et les scénographies des nabis ? Le dispositif adopté ici le laisse à penser. Comme Claude Roger Marx l'avait observé à propos des décors de Vuillard : «Il s'agit là du spectacle d'un spectacle et l'ingéniosité du peintre consiste non pas à nous donner l'illusion de la vie, mais à souligner qu'il s'agit là d'une représentation, d'un jeu qui ne se joue qu'à l'aide d'artifices, sous un faux jour, dans un faux cadre, avec la complicité de comparses fardés et de déguisements.» Ci-contre, *Nu couché*, 1925.

Matisse dessinant Henriette Darricarrère sur le petit proscenium aux odalisques. «Matisse aimait à accrocher les draperies multicolores suivant la tonalité dont il avait besoin pour ses tableaux, rapporte Hans R. Hahnloser. Leur fonction est celle d'un simple paravent multicolore que l'on peut placer n'importe où.»

Henriette II (grosse tête) (ci-dessous), réalisée entre 1926 et 1927, est la seconde et la plus classique des versions d'une suite de trois «têtes d'expression».

j'admets de nouveau certains modelés et je reprends possession d'un espace où l'air se remet à circuler.»

Durant l'été 1925, il entreprend un deuxième voyage en Italie où, en compagnie de sa femme, de Marguerite et de Georges Duthuit, il visite Rome, Naples et la Sicile. De retour à Nice, il multipliera les odalisques michelangélesques. En automne, l'année suivante, il emménage au quatrième étage de l'immeuble de la place Charles-Félix.
L'appartement, plus ouvert que le précédent sur la baie des Anges, la lumière et la mer, fait entrer dans l'espace du tableau une échelle plus vaste. Un flot de lumière fait irruption dans la pièce que reflètent les murs curieusement tapissés de faux carreaux de céramique. Une transparence nacrée envahit la peinture. Certains nus dans l'atelier y perdent toute

épaisseur. Un tableau laissé inachevé, *Femme au madras*, transforme le modèle en pure réserve. Et les monumentaux bouquets en majesté de glaïeuls et de dahlias semblent appeler au-dehors comme la fenêtre derrière *La Robe jaune* qu'il laissera en l'état à son départ pour Tahiti.

Le peintre en vacances

L'une des premières causes du voyage qu'il entreprend en février 1930 pour Tahiti se trouve dans la recherche d'une «autre lumière» et d'un «autre espace» qui l'avait conduit sur les rives de la Méditerranée. La «clarté argentée de la lumière de Nice, surtout dans la belle période de janvier», (entretien radiophonique, 1942) avait été la raison déclarée de son séjour niçois. Et c'est la lumière qui

"Observez bien ces odalisques, confie Matisse à André Verdet : la clarté solaire y règne dans son flamboiement triomphal [...] Or les décors orientaux des intérieurs, la parade des tentures et des tapis, les costumes luxuriants.[...] ne doit pas nous faire illusion [...] Sous cette torpeur solaire [...] une grande tension couve, qui est d'ordre spécifiquement pictural."

l'avait émerveillé en Corse, à Collioure et à Tanger.
Sur sa route, l'éclat de celle de New York – «très pure,
immatérielle, une lumière de cristal» – le frappera
presque autant que la lumière du Pacifique : «un
gobelet d'or profond dans lequel on regarde». C'est
aussi en quête d'un espace plus grand qu'il
s'embarque pour les Iles. L'Empire français, à la veille
de l'Exposition de 1931, était alors à son apogée.

New York, où il arrive le 4 mars, le laisse
abasourdi. «J'ai toujours eu conscience, dira-t-il à
Tériade, d'un autre espace dans lequel évolueraient
les objets de ma rêverie. Je cherchais autre chose que
l'espace réel. D'où ma curiosité pour l'autre
hémisphère où les choses paraissent se passer
différemment.» Il voit au Metropolitan Museum «des
Monet extraordinaires ainsi que trois Cézanne, des
Degas, Renoir, Courbet et des Rembrandt douteux».
L'Amérique qu'il traverse en train lui paraît
«immense immense» sous une «lumière
éblouissante». Los Angeles lui fait l'effet d'une
«Côte d'Azur en immense». Des jardins lui rappellent
le Maroc.

Le 21 mars, il est sur le *Tahiti*, d'où il dessine
des hirondelles de mer. «Entouré d'une couronne d'or,

Matisse à
Manhattan (ci-
dessus). Le 5 mars
1930, sur la route de
Tahiti, il écrit à son
épouse : «Si je n'avais
pas l'habitude de suivre
mes décisions jusqu'au
bout, je n'irais pas plus
loin que New York,
tellement je trouve
qu'ici c'est un nouveau
monde : c'est grand et
màjestueux comme la
mer.[...] Ici, c'est la
grandeur de l'espace et
de l'ordre.[...] C'est
clair, c'est la grande
clarté américaine.»
La *Robe jaune*
(page de gauche),
interrompue par le
voyage en Océanie, fut
terminée dès le retour
de Matisse à Nice.
Le voyage créa un
nouveau point de
départ dans l'espace
de travail du tableau.

ibis et bleu opalin», la mer bleu foncé lui rappelle le bleu du «papillon bleu morpho» qu'il a acheté rue de Rivoli à son retour d'Ajaccio. «J'irai vers les îles, avait-il écrit à Florent Fels avant son départ, pour regarder sous les tropiques, la nuit et la lumière de l'aube qui ont sans doute une autre densité.» «L'eau du lagon couleur gris-vert jade colorée par le fond, très près, les coraux branchus et leurs variétés de couleurs tendres, pastels, autour desquels passent des bandes de petits poissons bleus» le subjuguent. Il amasse «beaucoup de documents qui me serviront pour longtemps, je l'espère, en France». Il rencontre Murnau en train de filmer *Tabou*.

Mais après l'éblouissement du premier jour («Je trouve tout merveilleux – paysages, arbres, fleurs et gens») et l'air de dieu marin qu'il trouve aux habitants des Pomotou, le «bain de vapeur» l'accable, la fatigue l'emporte et l'empêche de travailler. Il est de retour en France le 16 juillet. Le 6 juin, il a écrit à Bonnard : «Cher ami, je prends le bateau dans une semaine vers Panama. Serai à Nice fin juillet environ. Bon séjour, bon repos. Ai vu toutes sortes de choses. Vous raconterai ça. Ai vécu vingt jours dans une "île de corail" : lumière pure, air pur, couleurs pures : diamants, saphirs, émeraudes, turquoises. Poissons mirobolants. N'ai absolument rien fait, excepté mauvaises photos. Bonne santé à tous deux. Vais revoir la France avec plaisir.»

De retour à Nice, il reprend *La Robe jaune* à laquelle, dira-t-il, il a pensé constamment tout au long de son échappée. Le véritable travail commençait.

Matisse et Pauline Schile à Tahiti au milieu des caladiums géants, des fougères frisées, des poincettias et des polygonomes. «Fille de Tahiti, à la peau de satin, à la chevelure souple et bouclée, au teint cuivré qui s'associe somptueusement aux verdures sombres de l'île, écrit-il à Aragon en 1941. Les parfums riches des frangipaniers [...] des pandanus en fleurs rappelant celui du bon pain et celui presque suffocant de la tubéreuse, du tiaré, la fleur de Tahiti» hanteront encore longtemps les souvenirs du peintre.

«De telles couleurs, dira-t-il en 1931 des ciels tahitiens, ne peuvent devenir fertiles que dans le souvenir, quand on les a mesurées à nos propres couleurs. J'espère que quelque chose va en passer dans ma peinture, plus tard. Je suis persuadé qu'il en a été exactement de même pour Delacroix avec son voyage au Maroc. C'est dix ans après qu'on en voit les couleurs dans son tableau.» Par bribes, taillée dans l'archipel éblouissant des couleurs, la mémoire tahitienne allait, de proche en proche, donner son thème, son espace et comme son parfum, à toute l'œuvre à venir.

Photographiés par Matisse lui-même ou dessinés, «les élégants cocotiers aux chevelures retroussées».

« Alors l'œuvre apparaîtra aussi féconde et douée de ce même frémissement intérieur, de cette même beauté resplendissante que possèdent aussi les œuvres de la nature, confie Matisse à Régine Pernoud à la veille de sa mort. Il y faut un grand amour, capable d'inspirer et de soutenir cet effort continu vers la vérité, cette générosité tout ensemble et ce dépouillement profond qu'implique la genèse de toute œuvre d'art. »

CHAPITRE VI
UNE UNITÉ PARFAITE

Matisse pieds nus au Régina, en 1952, photographié devant *La Négresse*, épinglée sur les murs de l'atelier et dont les pieds débordent à même le sol. Ci-contre, extrait du *Florilège des Amours de Ronsard*, ce bouquet, dans un pot à tabac, est prétexte à la représentation de feuilles-oiseaux-baisers.

A Nice où exceptionnellement Matisse est revenu
dès le mois d'août 1930, les «souvenirs d'Océanie»
s'emparent peu à peu de son univers. Une sculpture
(Le Tiaré) réalisée à la fin de l'été fait d'une tête une
fleur de Tahiti comme le visage de Jeannette avait
pris la forme d'une tulipe. Dès le mois de septembre,
il est de retour aux Etats-Unis pour participer
au jury du prix Carnegie à Pittsburgh qui lui avait
été remis en 1927. Il sera attribué, cette année-là,
à Picasso.

Le 28 septembre, il rend visite au docteur Barnes
à Merion, dans la banlieue résidentielle de
Philadelphie. Le collectionneur, que Sarah et Léo
Stein lui ont présenté après la Première Guerre, et
qui possède déjà un grand nombre de ses toiles, lui
propose de réaliser dans la galerie principale de la
fondation qu'il a créée en 1922 une décoration pour
laquelle il laisse au peintre toute liberté. Matisse est
enthousiasmé par la présentation des tableaux de
Picasso, Renoir, Seurat que compte en grand nombre
la célèbre collection et, conquis par le projet du
docteur Barnes, accepte de s'y consacrer sans délai.

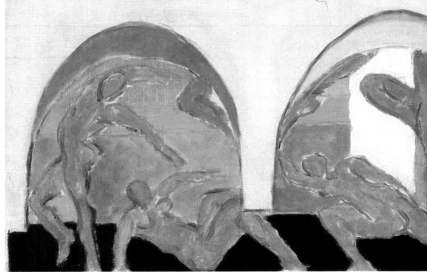

La Danse Merion

De retour en France, Matisse commence deux mois plus tard à Nice une série d'études au crayon et à l'huile de petit format. En décembre, il est de nouveau à Merion pour évaluer plus précisément les contraintes posées par la pièce à laquelle sa décoration est destinée.

C'est à Nice, au début de l'année 1931, qu'il commence à peindre à l'échelle le grand panneau, composé de trois arches de 333 x 391 centimètres, sur le thème de la danse qui lui est familier depuis 1905. Il loue pour la circonstance un grand garage au centre de Nice. Deux autres panneaux suivront. Avant de les peindre, Matisse utilise la

Matisse travailla à la première version de *La Danse* dans le garage de la rue Désiré-Niel à Nice, en 1931. La deuxième version (au centre) fut achevée à l'automne 1933. Pour mener à bien la commande du docteur Barnes, Matisse dut composer avec un espace partagé au-dessus de trois portes-fenêtres de six mètres de haut. Sur les murs de la salle des œuvres majeures étaient accrochées : *Les Joueurs de cartes* de Cézanne, *La Famille* de Renoir, *Les Poseuses* de Seurat, *Madame Cézanne au chapeau*. Exposée à contre-jour, la peinture était visible depuis la salle (où, remarque Matisse, «on la sentira plus qu'on ne la verra») et depuis deux balcons situés à l'opposé. Matisse tiendra le plus grand compte de ces données de telle façon que «sa décoration n'écrasât pas la pièce mais au contraire donnât de l'air et de l'espace au tableau». Ci-contre, *Harmonie bleue*, composée en 1930.

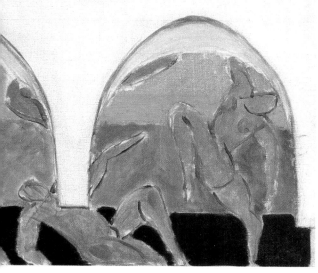

technique des gouaches découpées et déplacées à volonté sur l'immense étendue de la toile. La seconde de ces toiles, qui se trouve au Musée d'Art moderne de la Ville de Paris (abandonnée pour cause d'erreur de dimension, puis reprise après coup) et la troisième et définitive feront évoluer la ronde initialement imaginée vers une «lutte d'amour» à l'aide d'aplats bleus, roses et noirs. L'œuvre sera achevée au printemps 1933.

L'effort de Matisse avait consisté à donner «au spectateur la sensation de vol, de l'élévation, qui lui fait oublier les proportions réelles beaucoup trop insuffisantes pour couronner les portes vitrées avec l'idée constante de créer un ciel au jardin que l'on voit par les portes-fenêtres». Le 15 mai 1933, *La Danse* est installée en sa présence. «Je rentre de Philadelphie, écrit-il à Bonnard de Gibraltar où le *Conte di Savoia* a fait escale le 30 du mois. Le panneau est placé et fait très bien dans son architecture dont il paraît inséparable. Sa matière même s'est transformée.»

Thèmes et variations

Dans sa carte postale à Bonnard, Matisse ajoute : «Je suis assez fatigué et vais enfin me reposer une partie de cet été.» Les trois années écoulées, presque entièrement consacrées à *La Danse*, l'ont éprouvé.

Lydia Delectorskaya, photographiée par Matisse en train d'effacer l'état du *Grand Nu couché (nu rose)* daté du 15 octobre 1935. On aperçoit au mur, en cours d'exécution, *Tahiti I* et le plâtre du *Dos IV*.

Pour la composition du *Nu rose* (à gauche), qui l'accompagne de mai à octobre 1935, Matisse utilise des papiers découpés en fonction des «quantités» d'espace et de couleurs nécessaires à l'équilibre architectural de la toile au format intimiste. Pendant ce temps, des dessins réalistes se succèdent d'après le modèle. Mais la posture monumentalisée et décorative du *Nu rose* l'emportera. A défaut de grandes fresques, Matisse peindra d'immenses petits tableaux «avec des briques».

Parmi un ensemble de dessins au trait réalisés en 1935 et publiés dans les *Cahiers d'art*, Matisse a multiplié les nus renversés et redoublés comme ici en miroir, dans lesquels il s'est souvent figuré lui-même. L'*effet Vélasquez* (André Chastel) et son redoublement spéculaire vérifient la présence du peintre et de son modèle (doublement exhibé et offert en une réciprocité rêvée dans son dessin, ainsi que le dessin lui-même représenté), répétition en abîme qui conduit à l'unité. Le miroir fait glisser l'un dans l'autre l'image et son double dans l'immobile médiation du peintre lui-même.

Après un séjour à Saint-Jean-Cap-Ferrat et à Abano, d'où il peut aller voir chaque jour les Giotto à Padoue, puis une cure à Evian, il reprendra le deuxième panneau peignant alors *Une Femme à la robe blanche* et l'*Intérieur au chien*.

Tandis qu'il travaillait à *La Danse*, il avait illustré les *Poésies* de Mallarmé pour Skira, soucieux surtout «d'équilibrer architecturalement la page relativement noire de la typographie et la page blanche de l'eau-forte». Une assistante russe, Lydia Delectorskaya, qui l'avait aidé au moment de *La Danse*, pose pour l'illustration de «La Fée au chapeau de clarté».

De retour à Nice, Matisse se consacre à un autre livre, *Ulysses* de James Joyce, pour un éditeur américain. Il puisera dans l'*Odyssée* d'Homère les différents épisodes d'une illustration qui sera la source iconographique inépuisable de nombreuses œuvres à venir.

Encore mal remis de sa fatigue, Matisse va peu produire jusqu'en 1935. S'interroge-t-il, alors que la France entre dans la crise, sur la validité de la peinture, cette «passion périmée», selon le mot mélancolique de Bonnard ?

«Je crois que la peinture de chevalet n'existera plus,

«Le sujet primitif de *La Verdure* (ci-dessus), conçue à l'origine comme une maquette de tapisserie, note Lydia Delectorskaya, (est) une eau-forte pour poésies de Mallarmé de 1931 inversée et sans personnage dans lequel fut introduit par la suite la nymphe endormie de ses esquisses de mai et juin 1935» (page de droite).

Selon une méthode souvent utilisée durant les années 1930, le tableau *La Guitariste* (ci-contre) amplifie sur le mode décoratif en la dédoublant la *Femme en jaune et bleu à la guitare* peinte le mois précédent d'après Hélène Galitzine.

Matisse, photographié par Varian Fry en 1940, perché sur un tabouret, travaille à modifier la position des pins «au long fût» et des «chênes à panache» de l'*Odyssée*. Il accusera encore le rythme vertical des troncs. L'un deux, partageant la toile sur toute sa hauteur, délimitera une sorte de diptyque. Les arbres dessinent des colonnes de lumière semblables, en ces temps de guerre, aux faisceaux de la D.C.A. Le 27 février 1936, le peintre avait noté : «La tapisserie *Le Ruisseau* a bien changé, elle marche vers la tradition des tapisseries des manufactures de l'Etat».

dira-t-il à André Verdet, à cause des mœurs qui changent. Il y aura la peinture murale.» Mais aucune commande ne vient. L'Exposition 1937 l'ignorera et ne fera appel à lui que pour participer à l'exposition «Les Maîtres de l'art indépendant».

La *Liseuse sur fond noir* (page suivante à gauche) a été peinte à Paris durant le mois d'août 1939. Le tableau est dédié au noir-lumière comme *La Porte-fenêtre à Collioure* réalisée dans les mêmes circonstances en 1914. Dans la *Grande Robe bleue et mimosas* d'avril 1937 (page suivante à droite), Lydia Delectorskaya arbore la robe au jabot que de nombreux dessins et tableaux de cette année choisissent pour modèle.

Dessins, gravures et illustrations

A défaut de peintures architecturales, il réalisera des cartons de tapisserie : *La Fenêtre à Tahiti I* et *II* (1935) et *La Nymphe dans la forêt* (1936-1943). Seule la première fenêtre sera tissée, médiocrement. Un autre projet de décoration de cheminée, intitulé *La Musique*, pour l'architecte new-yorkais Nelson Rockefeller, n'aura pas l'évidence architecturale de tableaux peints au même moment tels le *Nu rose* (1935) et la *Grande Robe bleue et mimosas* (1937) ou cette autre musique intitulée *La Guitariste* (1939).

Le dessin, mieux encore que les peintures de femmes décoratives, thème souvent repris à la fin des années 1930, permettra à Matisse de développer sa songerie

Henri Matisse 39

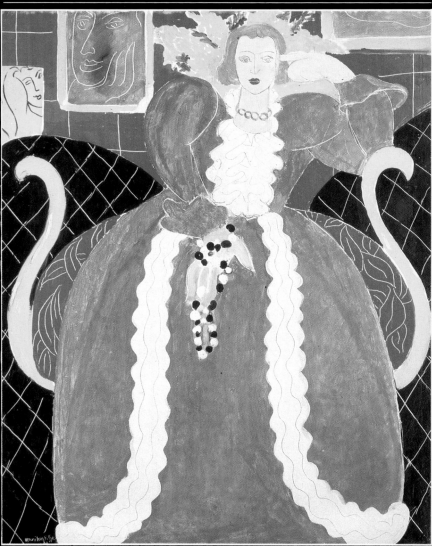

A propos du *Rêve* (ci-contre), Matisse écrira à Théodor Pallady : «J'ai trouvé une belle blouse roumaine ancienne, une blouse de broderie au petit point vieux rouge, qui a dû appartenir à une princesse et j'en désirerais bien d'autres que j'échangerai contre un beau dessin. Voilà un tableau qui a duré un an – ceux qui ne verront que la façon dont j'ai représenté la chevelure et la broderie de l'épaule croient que je suis un farceur – mais toi […] tu sais».

M atisse dessina le modèle Wilma Javor dans l'atelier de la Villa Alésia durant l'été 1939 (page de droite en haut). L'un des dessins d'après le même modèle apparaît dans la *Liseuse sur fond noir*. Sur le paravent du fond, un *Autoportrait* dessiné les yeux fermés En novembre 1938, le peintre s'installe à l'hôtel Excelsior-Régina (page de droite, en bas), au troisième étage, dans deux appartements réunis au centre du gigantesque édifice.

féminine. Nombreux durant cette période seront les tableaux seulement dessinés comme *Faune charmant la nymphe endormie* et les peintures que le dessin vient retraverser, mais aussi les gravures et les illustrations des livres.

«Voulant faire une peinture en rapport avec mes dessins, écrira-t-il à André Rouveyre en 1947, ceux qui me viennent directement du cœur, tracés avec la plus grande simplicité, je suis engagé dans une route bien pénible qui me semble démesurée à cause du peu de temps que mon âge m'accordera.»

«Un personnage nommé la Douleur» (Aragon)

Lorsqu'à la fin de l'année 1938 il quitte l'appartement de la place Charles-Félix pour l'Excelsior-Regina, un immense hôtel construit en 1897 pour accueillir les

hivernants anglais (et Sa Majesté elle-même) sur la colline de Cimiez, une page est définitivement tournée. La période de Nice se referme pour cet insomniaque sur *Le Rêve* d'un modèle assoupi arborant une blouse roumaine. «Un personnage nommé la Douleur», comme l'écrira Aragon, a fait son entrée. En septembre 1937, Matisse a été hospitalisé une première fois. Le personnage reviendra à son heure. En attendant, Mme Matisse le quitte sans retour.

Il réalise les décors et costumes d'un autre ballet à Monte-Carlo d'après une musique de Chostakovitch en projetant les grandes obliques de *La Danse Merion* en toile de fond derrière les danseurs.

La guerre le surprend à Genève où il s'est rendu le 29 août pour voir une exposition des chefs-d'œuvre du Prado. Il quitte la ville aussitôt, sans voir l'exposition. A son retour, il compose pour la revue *Verve* une couverture où domine le noir au milieu du vitrail des couleurs. Durant l'été, il peint à Paris, villa Alésia, des tableaux avec ce même noir «à la Manet». Il va au cinéma. Le film de Jean Renoir,

«Depuis plusieurs années c'est mon tableau préféré», dira Matisse de la *Nature morte aux magnolias* (ci-contre), de 1941, qu'il détaillera pour le photograveur de *Verve*, objet par objet, couleur après couleur, tel le chaudron central : «rouge de Venise, bordé noir; (anse gauche) rouge de Venise, bordé noir; (anse droite) ocre jaune et blanc; (fond) le fond du chaudron cadmium jaune moyen une fois sur frottis de laque écarlate».

La Règle du jeu, l'enthousiasme. A Rochefort-en-Yvelines, où il séjourne avec Lydia Delectorskaya, il continue à peindre et à dessiner.

Pierre et ses amis le pressent de quitter la France. Après avoir un temps pensé partir pour l'Algérie ou la Martinique, il renoncera à ce projet. Durant toute la «drôle de guerre», il peindra à Nice. Et lorsqu'il se résout à faire des démarches à Paris pour partir vers le Brésil, les Allemands envahissent la France. «Il me semble que j'aurais déserté», écrit-il alors à Pierre pour expliquer sa décision de rester. Il rentre à Nice et se remet au travail «d'une façon continue avec le sentiment que le temps était précieux», malgré – ou à cause de – l'«angoisse générale» et de l'«inquiétude constante» qui «nuit au travail inconscient» mais aussi du cancer qui a été diagnostiqué.

«De secondaire par essence, l'illustration des livres, devient une chose essentielle, principale»

Le 17 janvier 1941, Matisse est opéré à Lyon. Il dit à ses médecins : «Donnez-moi les trois ou quatre ans dont j'ai besoin pour conclure mon œuvre.» Une «floraison» de dessins, plus tard réunis et préfacés par Aragon dans un album intitulé *Thèmes et variations*, salue son rétablissement.

Une jeune femme venue assurer des gardes de nuit est prise bientôt pour modèle d'une série de tableaux.

Elle s'appelle Monique Bourgeois, «une magnifique personne», mais c'est sous le nom de sœur Jacques-Marie qu'elle sera cinq ans plus tard le précieux trait d'union de la réalisation de la chapelle de Vence.

En juin 1943, Matisse quitte Nice, que menacent les bombardements, et trouve refuge à Vence, villa Le Rêve, qui lui rappelle Tahiti et le «bois des îles». Il s'ensuivra une suite d'intérieurs : final de l'œuvre et récapitulation sublimée de «toute une vie de travail».

A la même époque, les murs de la chambre se couvrent de gouaches découpées. D'abord utilisées pour disposer les aplats de couleur de *La Danse*, puis au cours des séances préparatoires du *Grand Nu couché* (1935), les gouaches découpées avaient servi de maquette pour la couverture des numéros III et V des *Cahiers d'art*. *Jazz*, travaillé tout au long de la guerre, mais aussi des tentures décoratives seront réalisés à l'aide de cette méthode qui conjugue le dessin, la couleur et l'espace sculptural.

Venue au chevet de Matisse le 26 septembre 1942, Monique Bourgeois devient bientôt le modèle de nombreux dessins et tableaux, comme ici dans *L'Idole* de décembre 1942. C'est avec elle, devenue sœur Jacques-Marie, que Matisse poursuivra une «sorte de flirt. «J'aimerais écrire "fleurt", écrivait-il à Rouveyre, car c'est un peu comme si nous nous jetions des fleurs à la figure». Amoureuse conversation qui l'accompagnera au long de la construction de la chapelle de Vence.

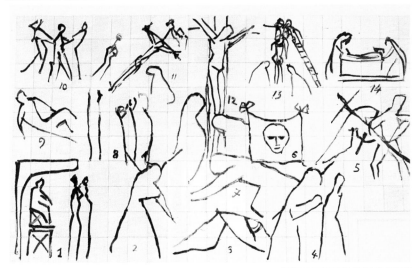

En octobre 1944, Matisse apprend que sa femme et sa fille, résistantes, ont été arrêtées. Amélie Matisse sera condamnée à six mois de prison et Marguerite, torturée, parviendra à échapper aux camps. Les dessins et livres se succèdent jusqu'à la Libération. Matisse reprend alors ses séjours à Paris où son œuvre est exposée et célébrée. De retour à Vence, il passera les années 1946 et 1947 à peindre les grands intérieurs qu'il réunira en 1948 dans le volume VI de la revue *Verve*.

La chapelle de Vence

Le 26 juillet 1945, dans la revue *Arts*, André Warnod donne le signal : «Matisse est de retour.» Le Salon d'automne lui rend hommage. Le Victoria and Albert Museum à Londres lui consacre une exposition rétrospective aux côtés de Picasso. *Verve* annonce «de la couleur» et la galerie Maeght l'expose. Jusqu'au Musée national d'Art moderne, dirigé par Jean Cassou, qui achète plusieurs de ses œuvres. Mais manquent à ces célébrations les peintures décoratives exposées au loin, perdues corps et biens dans les théâtres de la

Page d'écriture destinée à la dévotion privée, *Le Chemin de Croix* de la chapelle de Vence a été exécuté «d'un seul souffle» le 7 avril 1949, de 10 heures à midi, après de longues séances d'études.

Icône de la hauteur et du dénuement spirituel, privé de traits, saint Dominique a donné lieu à d'innombrables dessins dont certains réalisés à l'échelle sur les murs de l'atelier. Matisse cherchera longtemps à donner l'expression juste de «l'athlète du Christ» de la tradition dominicaine, le *pugiles fidei* dressé face à l'inquisition cathare aux côtés de Simon de Montfort. Pour y parvenir, il fera le portrait de la robe du saint face au manteau protecteur des vitraux à la façon des statues-colonnes des portails romans. Il n'aura de cesse de le reprendre jusqu'à ce qu'il ait trouvé le «pli dominicain» qui l'exprimerait tout entier.

guerre ou cachées au public comme *La Danse II*.

L'occasion lui sera donnée de réaliser en France, sur les lieux mêmes qu'il a choisis pour la qualité de la lumière, une «peinture architecturale» qui serait l'aboutissement de ses «recherches antérieures». Un jour de décembre 1947, le frère Rayssiguier, un jeune dominicain enthousiasmé par le renouveau de l'art sacré initié par le père Couturier, vient l'entretenir, sur les conseils de sœur Jacques-Marie, d'un projet de chapelle non loin de la villa Le Rêve. Mais en quelques minutes, lors de cette première entrevue, la chapelle sera «faite». Matisse y verra aussitôt la possibilité de transposer les couleurs découpées de *Jazz* en vitraux et de leur opposer pour donner l'équilibre, ainsi qu'il l'avait réalisé dans son livre, les pages d'écriture d'un chemin de croix, d'une Vierge à l'Enfant et d'un Saint-Dominique.

Matisse n'aura pas d'autre préoccupation entre

Dans de grandes pages saturées de blancheur, Matisse multiplie à la fin de sa vie des visages-masques, telle la *Grande Tête* (à gauche), qu'il intègre parfois aux motifs végétaux des décorations épinglées sur les murs de l'atelier. Du visage ne demeure que le signe anonyme de la figure humaine.

1948 et 1951. La chapelle sera le dernier «atelier symphonique», son chef-d'œuvre, «en dehors même de la signification supérieure de ce monument» (à monseigneur Rémond, 1951), l'atelier blanc où toutes les couleurs seront enfin réunies.

Aller jusqu'au bout

Au début de l'année 1949, Matisse quitte Vence pour le Regina où les maquettes de la chapelle se déploieront plus aisément. Sur les murs qui avaient accueilli les études en gouaches découpées des vitraux et les projets de chasubles, il disposera selon

Dernier d'une série de quatre nus réalisés à l'aide de gouaches découpées entre septembre 1951 et juin 1952, le *Nu bleu IV* (ci-dessus) a fait l'objet de nombreuses séances préparatoires attestées par les traits de fusain visibles entre les découpes de papiers gouachés.

la même méthode les grandes compositions des quatre années à venir. Le «jardin derrière une colonnade» qu'il avait imaginé à la chapelle envahit désormais l'espace de l'atelier.

Durant l'été 1954, après un séjour à la campagne, Matisse, affaibli, rejoint son hôtel. «Le 15 octobre, se

Matisse n'ignorait pas que les images bergsoniennes de *l'évolution créatrice* – gerbes, feux d'artifice, jeux d'eaux ou de vapeurs – avaient pour trait commun l'idée

HM 53

souviendra Marguerite, il avait fait mettre par terre la composition de la rosace pour la chapelle de Madame Nelson Rockefeller et il la reconstitua jusqu'à l'instant de sa mort», le 3 novembre 1954. A même le plafond de son lit, il avait tracé à l'aide d'un immense bambou armé d'un fusain les visages souriants, immenses, de ses petits-enfants. Dans un coin de la pièce, non loin des dernières gouaches découpées, *La Vigne* et *Les Coquelicots*, le cavalier mystérieux de la *Jérusalem céleste*, symbole de toute la vie de Matisse, poursuivait son combat avec les forces pures des rouges, des bleus, des jaunes et des verts.

d'une croissance perpétuelle et d'une création poursuivie sans fin. Mais, pour le peintre, toutes ces figures de montée et d'élan ne sont pas moins réversibles en figures de chute. De *La gerbe* à *Icare* (*Jazz*), page suivante, Matisse dessine le saut et sa retombée, l'élan créateur et son obstacle.

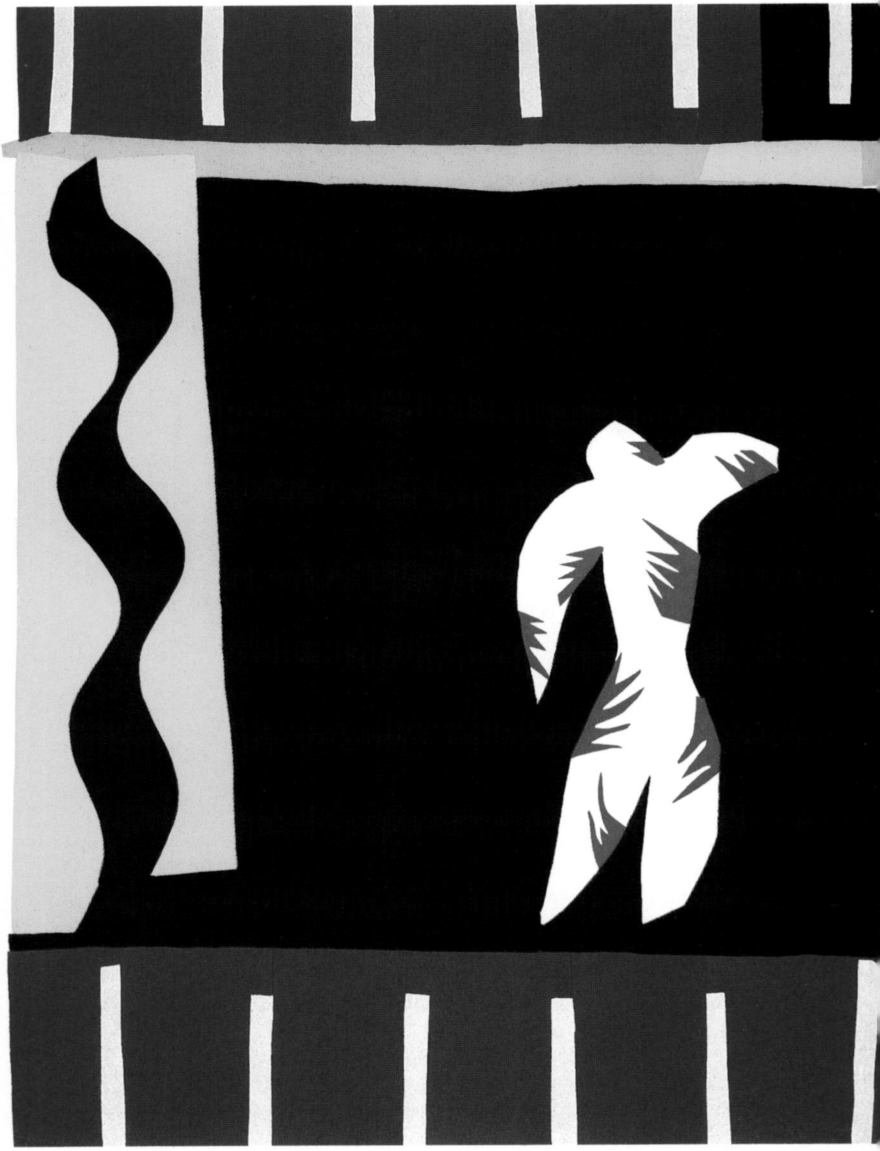

TÉMOIGNAGES
ET DOCUMENTS

La parole du peintre,
précise comme le trait ;
l'homme, le vivant,
saisi en son contour
par ses contemporains mêmes.

Matisse par lui-même

Matisse s'est peu confié publiquement. S'il écrivit beaucoup à ses amis et à sa famille, ce fut toujours pour s'exprimer sur son œuvre en cours. Sans complaisance. Avec un obsédant désir de clarté. Sur lui-même, il s'en tiendra à l'essentiel. En se faisant violence. Comme on s'acquitte d'une tâche d'identification.

Notice biographique

En réponse à la revue Forme, *Matisse rédige une brève notice biographique, qui paraîtra dans le numéro un, en janvier 1930. Seule la peinture vaut* événement.

Né au Cateau-Cambrésis, le 31 décembre 1869. Elève de l'Ecole de droit en 1887. Puis, en 1892, j'entre à l'Ecole des Beaux-Arts, atelier Gustave Moreau. Travail au musée du Louvre d'après Poussin, Raphaël, Chardin, David de Heem, Philippe de Champaigne, etc. Première exposition publique : Société nationale des Beaux-Arts au Champs-de-Mars, 1894. Voyages d'études en Bretagne et sur la côte méditerranéenne. Exposition Druet en 1904. L'opinion est en ce moment contre les «fauves». Nos tendances sont lentement acceptées. Expositions répétées de peinture, sculpture et gravure. Travail ininterrompu jusqu'à ce jour avec voyages en Espagne, Italie, Allemagne, Russie, Algérie et Angleterre.

Ma peinture observe d'abord la gamme sombre des maîtres que j'étudie au Louvre. Puis ma palette s'éclaircit. Influence des impressionnistes, des néo-impressionnistes, de Cézanne et des Orientaux. Mes tableaux s'établissent par combinaisons de taches et d'arabesques (Musée municipal de Moscou, collections Tescenlind à Copenhague, et Marcel Sembat à Paris pour cette période).

Ces œuvres, de caractère surtout décoratif, commencent à faire place, aux environs de 1914, à une exposition plus creusée, établie par plans, en profondeur, à une peinture d'intimité qui est celle de l'époque actuelle.

Travail extrêmement régulier, chaque jour, du matin au soir.

Quelques ouvrages et des articles ont été

écrits sur mon œuvre. Ils vous renseigneront peut-être sur les rapports de ma peinture avec l'esprit contemporain. Entre autres : *Henri Matisse*, éditions de la Nouvelle Revue française; *Henri Matisse*, chez Crès, éditeur, *Henri Matisse* par Fels aux «Chroniques du Jour».

Henri Matisse,
Ecrits et propos sur l'art,
Paris, Hermann, coll. «Savoir», 1972

«Un homme normal»

Dans ses réponses à Franck Harris, venu lui rendre visite à Nice, Matisse évoque le régime de sa vie, tout entière subrogée par le travail. Macula, *revue-culte des années soixante-dix, consacre un dossier aux propos inédits de Matisse*

Un peu plus tard, [rapporte F. Harris] j'invitai Matisse à dîner : il me répondit qu'il ne mangeait jamais le soir, mais serait heureux de venir après dîner. Quand il vint, je voulus tout naturellement savoir pourquoi il ne dînait pas.

«Depuis dix ou douze ans maintenant, dit-il, je me suis aperçu que le repas du midi me suffisait. C'est un vrai plaisir de manger lorsque l'on a faim... J'aime manger à midi, et je mange alors comme un ogre, après quoi je fais une petite sieste pour digérer. Mais si je mange de nouveau le soir, je me sens lourd, et je fais des cauchemars qui me réveillent. Je vais au lit à dix heures, et me lève vers six heures, en partie parce que je veux disposer de toute la lumière possible. J'ai une santé à peu près parfaite... Meilleure que lorsque j'avais vingt ans. Chacun doit trouver son rythme de vie. Je bois très peu, mets habituellement de l'eau dans mon vin ou prends un verre de bière; pas d'alcools, pas d'excès d'aucune sorte [...].»

Il illustra plusieurs fois d'exemples musicaux ce qu'il disait sur des point particuliers de la peinture.

«Aimez-vous la musique?» demandai-je à la longue.

«Oui, beaucoup, c'est ma seule récréation. Je joue du violon, j'en ai joué dès mon enfance; mais, à mesure que j'acquérais quelque maîtrise dans mon art, je devenais de moins en moins satisfait de jouer si mal du violon. Un maître de musique me dit que si je m'exerçais pendant un an, j'obtiendrais la technique relative que je souhaitais, aussi je pris des leçons pendant un an et jouai alors souvent six heures par jour; et voilà le résultat : je suis maintenant capable de me faire plaisir en jouant, et quelquefois à mes amis.

Macula, n° 1, 1976

Questionnaire

On peut lire dans la revue Look, *du 25 août 1953, sous le titre «Matisse answers twenty questions», le questionnaire suivant.*

1. – *Comment expliqueriez-vous vos peintures à un enfant ?*
De deux choses l'une : cela vous plaît, ou non.
2. – *Quel est votre sentiment sur la peinture abstraite?*
C'est un problème qui dépend de chacun.
3. – *Quelle influence a le plus particulièrement marqué votre art : Giotto? Fra Angelico? Les mosaïques byzantines? Les miniatures persanes?*
Toutes celles que vous énumérez et, par dessus tout, Cézanne.
4. – *Retirez-vous plus de plaisir créateur à travailler sur des sujets profanes ou sur des sujets religieux?*
Je ramène tous les sujets aux sentiments humains.

5. – *Quel est le peintre qui a exercé le plus d'influence sur vous?*
Cézanne.

6. – *Quels éléments pouvez-vous donner pour une meilleure appréciation de votre travail?*
Pas de réponse.

7. – *Quelle influence considérez-vous que votre sculpture ait eue sur votre peinture?*
Une familiarité avec formes et volumes, pour compléter l'étude de la nature par le dessin.

8. – *Que considérez-vous comme le plus important dans votre propre travail et dans l'art en général – la ligne ou la couleur?*
Les deux.

9. – *Que pensez-vous être votre contribution la plus créatrice dans l'emploi de la couleur?*
J'ai apporté un sentiment de l'espace par la couleur.

10. – *Laquelle de vos peintures considérez-vous comme tout à fait aboutie de ce point de vue?*
Pas de réponse.

11. – *Pourquoi avez-vous cessé d'être absorbé par la couleur, la masse et la forme, et semblez-vous ne plus travailler qu'avec les lignes?*
Erreur. Je suis toujours pris par la couleur.

12. – *Que considérez-vous comme le plus important : vos papiers découpés ou vos peintures?*
Les deux.

13. – *Pourquoi avez-vous donné vos peintures au Cateau?*
Parce que c'est mon village natal.

14. – *Certains parmi les plus jeunes artistes éveillent-ils votre enthousiasme?*
Pas de réponse.

15. – *Quel conseil donneriez-vous aux jeunes peintres?*
De beaucoup dessiner et de ne pas réfléchir trop.

16. – *Un étudiant doit-il commencer à travailler en premier lieu avec la ligne, ou avec la couleur, ou avec les deux simultanément?*
Ceci dépend de son tempérament : en principe, avec les deux, et c'est dans l'harmonisation de la ligne et de la couleur que résidera la grosse difficulté.

17. – *Considérez-vous que les autres arts, la musique et la littérature par exemple, aient une importance dans le développement d'un peintre?*
Une grande importance.

18. – *Quelle période de votre vie considérez-vous comme la plus créatrice?*
Chaque période a eu son importance, mais je serais tenté de dire : la période actuelle.

19. – *Quelle direction l'art moderne, selon vous, va-t-il prendre?*
La lumière.

20. – *Considérez-vous que vous avez,*

avec vos collages, trouvé la solution finale de votre art?

Non, je n'en ai pas terminé.

Macula, n° 1, 1976

«Retrouver mon idée de la veille»

Formé à l'école des galeries du Louvre, Matisse ne cessera pourtant de se rendre sur le motif pour le faire sien durablement. Hors de toute transposition.

«Je passais mes journées au musée et, ensuite, je retrouvais, dans mes promenades, des jouissances analogues à celles que j'avais ressenties dans la peinture. Vous voyez, j'étudiais, selon mes attirances, les maîtres, comme dans les lettres on étudie les auteurs, avant de se décider pour l'un ou pour l'autre; surtout sans le désir de piger des trucs, mais par culture d'esprit! J'allais d'un

Hollandais à Chardin, d'un Italien à un Poussin.»

«J'ai besoin, chaque jour, de retrouver mon idée de la veille confiait-il à Carco. Même autrefois j'étais ainsi et j'enviais les camarades qui pouvaient travailler n'importe où. A Montmartre, Debray, le propriétaire du Moulin de la Galette, invitait tous les peintres à venir barbouiller chez lui. Van Dongen était prodigieux. Il courait derrière les danseuses et les dessinait en même temps. Naturellement, moi aussi, je profitais de l'invitation, mais tout ce que j'ai pu faire a été de retenir l'air de la farandole que tout le monde hurlait aussitôt que l'orchestre le jouait :
Et prions Dieu pour ceux qui n'en n'ont guère!...
Et prions Dieu pour ceux qui n'en n'ont pas!...»

Cet air devait, longtemps plus tard, lui revenir aux lèvres, tandis qu'il commençait sa décoration de la Danse pour la fondation Barnes à Merion, près de Philadelphie.

«Je le sifflotais en peignant! je dansais presque.»

Raymond Escholier,
Matisse, ce vivant, Paris,
Librairie Arthème Fayard, 1956

De l'influence

Je n'ai jamais évité l'influence des autres, m'a dit Matisse. J'aurais considéré cela comme une lâcheté et un manque de sincérité vis-à-vis de moi-même. Je crois que la personnalité de l'artiste se développe s'affirme par les luttes qu'elle a à subir contre d'autres personnalités. Si le combat lui est fatal, si elle succombe, c'est que tel devait être son sort.

Henri Matisse,
Ecrits et propos sur l'art,
Paris, Hermann, coll. «Savoir», 1972

Tahiti

L'un des rares voyages de Matisse, qui comptent beaucoup de «déplacements». Les souvenirs d'Océanie en poursuivront la course dans le seul atelier.

Le séjour à Tahiti m'a apporté beaucoup. J'avais une grande envie de connaître la lumière de l'autre côté de l'Equateur, de prendre contact avec les arbres de là-bas, d'y pénétrer les choses. Chaque lumière offre son harmonie particulière. C'est une autre ambiance. La lumière du Pacifique, des îles, est un gobelet d'or profond dans lequel on regarde.

Je me souviens que, tout d'abord, à mon arrivée, ce fut décevant et puis, peu à peu, c'était beau... C'est beau! Les feuilles des hauts cocotiers retroussées par les alizés faisaient un bruit soyeux. Ce bruit de feuilles était posé sur le grondement de fond d'orchestre des vagues de la mer, vagues qui venaient se briser sur les récifs qui entourent l'île.

Je me baignais dans le «lagon». Je nageais autour des couleurs des coraux soutenues par les accents piquants et noirs des holothuries. Je plongeais la tête dans l'eau, transparente sur le fond absinthe du «lagon», les yeux grands ouverts... et puis brusquement je relevais la tête au-dessus de l'eau et fixais l'ensemble lumineux des contrastes...

Tahiti... Les îles... Mais l'île déserte tranquille n'existe pas. Nos soucis d'Européens nous y accompagnent. Or, dans cette île, il n'y avait pas de soucis. Les Européens s'y ennuyaient. Ils y attendaient confortablement la retraite dans une étouffante torpeur et ils ne faisaient rien pour se sortir de cette torpeur, pour remplir, ignorer l'ennui; ils ne réfléchissaient même plus. Au-dessus d'eux, autour d'eux, il y avait cette merveilleuse lumière du premier jour, la magnificence, mais ils ne goûtaient même plus tout cela.

On avait fermé les usines et les indigènes croupissaient dans des jouissances animales. Un beau pays en sommeil dans l'éclatement du soleil.

Oui, l'île déserte et tranquille, le paradis solitaire n'existent pas. On s'y ennuierait vite parce qu'on n'aurait pas d'ennuis.

in Raymond Escholier,
Matisse, ce vivant,
Paris, Librairie Arthème Fayard, 1956

«Peindre sans souci ni dérangements»

Au moment de réaliser la chapelle de Vence, Matisse poursuit l'identification à son modèle jusqu'à désirer se faire moine, mais un moine qui aurait fait de la peinture sa seule révélation.

Je voudrais vivre comme un moine dans une cellule, pourvu que j'aie de quoi peindre sans soucis ni dérangement. Toute ma vie, j'ai été influencé par l'opinion courante de mes débuts, époque où l'on acceptait seulement de consigner les observations faites sur la nature, où tout ce qui venait de l'imagination ou du souvenir était appelé «chiqué» et sans valeur pour la construction d'une œuvre plastique. Les maîtres des Beaux-Arts disaient à leurs élèves : «Copiez bêtement la nature.»

Pendant toute ma carrière, j'ai réagi contre cette opinion à laquelle je ne pouvais me soumettre et cette lutte a été la source des différents avatars de ma route pendant laquelle j'ai cherché des possibilités d'expression en dehors de la copie littérale, tels le divisionnisme et le fauvisme.

Ces révoltes m'ont conduit à étudier séparément chaque élément de

construction : le dessin, la couleur, les valeurs, la composition, comment ces éléments peuvent s'allier en une synthèse sans que l'éloquence de l'un d'entre eux soit diminuée par la présence des autres, et à construire avec ces éléments non diminués de leur qualité intrinsèque par leur réunion, c'est-à-dire en respectant la pureté des moyens.

Chaque génération d'artistes voit différemment la production de la génération précédente. Les tableaux des impressionnistes, construits avec des couleurs pures, ont fait voir à la génération suivante que ces couleurs, si elles peuvent servir à la description des choses ou des phénomènes de la nature, ont en elles-mêmes, indépendamment des objets qu'elles servent à exprimer, une action importante sur le sentiment de celui qui les regarde.

C'est ainsi que des couleurs simples peuvent agir sur le sentiment intime avec d'autant plus de force qu'elles sont simples. Un bleu par exemple, accompagné du rayonnement de ses complémentaires, agit sur le sentiment comme un coup de gong énergique. De même pour le jaune et le rouge et l'artiste doit pouvoir en jouer selon la nécessité.

Dans la chapelle, mon but principal était d'équilibrer une surface de lumière et de couleurs avec un mur plein, au dessin noir sur blanc.

Cette chapelle est pour moi l'aboutissement de toute une vie de travail et la floraison d'un effort énorme, sincère et difficile.

Ce n'est pas un travail que j'ai choisi, mais bien un travail pour lequel j'ai été choisi par le destin sur la fin de ma route, que je continue selon mes recherches, la chapelle me donnant l'occasion de les fixer en les réunissant.

Je pressens que ce travail ne sera pas INUTILE et qu'il pourrait rester l'expression d'une époque d'art, peut-être dépassée, je ne crois pourtant pas. Il est impossible de le savoir aujourd'hui, avant la réalisation des mouvements nouveaux.

De cette expression du mouvement humain, les erreurs qu'elle peut contenir tomberont d'elles mêmes, mais il restera une partie vivante qui pourra réunir le passé avec l'avenir de la tradition plastique.

Je souhaite que cette partie, que j'appelle MES RÉVÉLATIONS, soit exprimée avec suffisamment de force, pour être fertilisante et retourner à la source.

in Raymond Escholier, *op. cit.*

«Les oliviers sont si beaux...»

Matisse à Camoin, le «copain» des années de l'atelier Moreau :

J'ai travaillé tous ces temps en plein soleil de dix heures à midi et je m'en trouvais crevé pour la journée. Je vais changer mes heures. Demain je commence à six heures et demie ou sept heures, je pense avoir une bonne heure peut-être deux de travail. Les oliviers sont si beaux à cette heure. Le plein midi est superbe mais effrayant. Je trouve que Cézanne l'a bien rendu dans ses rapports, heureusement pas dans son éclat qui est insoutenable. J'ai fait tout à l'heure ma sieste sous un olivier et ce que je voyais était d'une couleur et d'une douceur de rapports attendrissants. Il semble que c'est un paradis qu'on a pas le droit d'analyser, et pourtant on est peintre n. d. D. Ah, c'est un beau pays, Nice. Quelle lumière tendre et moelleuse malgré son éclat! Je ne sais pourquoi je la rapproche souvent de celle de la Touraine (il faut peut-être deux R). Celle de la Touraine est un peu plus dorée. Celle d'ici est argentée. Même que les objets qu'elle touche sont très colorés comme les verts par exemple. Je me suis cassé souvent la gueule. Je promène après avoir écrit cette déclaration les yeux autour de la chambre où sont accrochées une partie de mes croûtes, et

tout de même je crois y avoir touché quelquefois, mais ça n'est pas certain.

Lettre à Camoin,
villa des Alliés, 23 mai 1918

A propos de style

En réponse à une lettre que lui adresse son ami, au sujet du «grand style» décoratif et de sa remise en cause, Matisse écrit :

Ne trouves-tu pas que c'est voir les choses un peu par l'extérieur, et qu'on peut faire du contour, et un semblant de grand style et de la demi-teinte et du vrai grand style. Quel est le style le plus grand, de Gauguin et de Corot? Je crois que le style vient de l'ordre soit acquis ou développé ou bien tout à fait intuitif ce qui est peut-être le cas de Corot. Ce contour dont parle Delacroix peut être la conséquence de l'ordre. Mais s'il est le résultat du parti pris, il ne donne pas plus que la demi-teinte, ceci dit sans prétention.

Lettre à Camoin, 2 mai 1918

Modèle anglais

Tu me parles d'une Anglaise de rêve. Il y a une heure j'ai fait une troisième séance de dessin avec une Anglaise plus belle peut-être que celle dont tu me parles et qui est après tout évanouie. La mienne est là et reviendra après-demain me regarder dans les yeux comme on me regarde habituellement lorsque je suis au travail c'est-à-dire qu'on me regarde sans défense, sans soucis ni protection. Ses beaux yeux changeants que j'avais vus noisette hier, aujourd'hui ne trouvant plus leur couleur en les regardant, j'ai demandé à Lydia de venir me dire ce qui était en vérité. Elle m'a répondu : elle a les yeux de la couleur des vôtres, des miens propres. J'en ai été bien étonné. Mais voyant au cours de la séance les yeux changer, devenir plus foncés, en même temps qu'une rougeur lui coloriait le visage – je te jure que je n'avais rien fait pour cela -– j'ai pensé que c'était l'afflux du sang qui faisait changer les yeux. Tu ne peux imaginer l'harmonieuse saveur qui unit ses yeux, ses lèvres et la courbe si tendre de son menton. Jamais je n'arriverai à rendre ça. Elle est devant moi comme un petit pigeon ému dans ma main. L'Anglaise du Rêve vaut certainement celle de ton rêve – et la mienne reviendra pendant au moins quinze jours.

Lettre à A. Rouveyre, 5 avril 1947

Le peintre équilibriste

Dans la revue Le Point, *qui fut éditée à Soulac (Lot) :*

Je ne m'impose jamais violence; au contraire; je suis le danseur ou l'équilibriste qui commence sa journée par plusieurs heures de nombreux exercices d'assouplissement, de façon à ce que toutes les parties de son corps lui obéissent lorsque, devant le public, il veut traduire ses émotions par une succession de mouvements de danse, lents ou vifs ou par une pirouette élégante.

Henri Matisse,
«Notes d'un peintre sur son dessin»
Le Point, n° 21, juillet 1939

Des fleurs et des fruits

Je m'efforce de m'accorder à mon travail. J'avais projeté avant d'être ici de peindre des fleurs et des fruits – j'en ai plusieurs arrangements dans mon atelier mais cette espèce d'incertitude dans laquelle on est ici (car ce pays peut être occupé sous un prétexte quelconque) fait

Dans le jardin de la villa Le Rêve.

que je ne puis, ou je crains de me mettre au travail en tête à tête avec des objets, qu'il faut que j'anime par moi-même, par mon sentiment – aussi je me suis arrangé avec un groupe de figurants de cinéma, qui m'envoient (*sic*) ses plus jolies filles – quand je ne les garde pas je leur donne dix francs et j'ai ainsi trois ou quatre modèles jeunes et jolis que je fais poser séparément pour le dessin trois heures le matin, trois heures l'après-midi. Ça me tient là au milieu de mes fleurs et mes fruits avec lesquels je prends contact tout doucement sans m'en apercevoir. Quelquefois je m'arrête sur un motif, un coin de mon atelier que je trouve expressif, même au-dessus de moi, de mes forces et j'attends le coup de foudre qui ne peut manquer de venir. Ça me prend toute ma vitalité.

Lettre à Pierre Matisse,
Nice, 1er septembre 1940

Visites à Henri Matisse

Le dimanche, à Issy-les-Moulineaux et à Nice, était le jour de réception. «Son jour pour le monde», dira Jack Flam, le temps des lettres – nombreuses – et des affaires courantes. Des entretiens sur la peinture avec les rares amis, les écrivains, les peintres et les biographes.

Picasso et Françoise Gilot.

Matisse et Picasso

La relation de Matisse et de Picasso – à l'encontre de la tranquille amitié avec Bonnard – n'était rien moins qu'électrique. Au jeu de la main chaude, Françoise Gilot donne l'avantage à Matisse.

Matisse avait envers Pablo une attitude presque paternelle qui facilitait les rapports. Dans leurs conversations, Pablo apportait l'élément actif : Matisse, le côté passif. Tel un danseur, Pablo tâchait de charmer Matisse, mais c'était toujours Matisse qui finissait par conquérir Pablo. «Il faut que nous parlions ensemble le plus possible, disait-il. Quand l'un de nous sera mort, il y aura des choses que l'autre ne pourra plus jamais dire à personne.»

Plus tard, quand Matisse retourna vivre à l'hôtel Régina, de Cimiez, nous continuâmes à le voir, à peu près tous les

quinze jours. Souvent Pablo lui apportait ses dernières toiles, ou ses dessins, et, quelquefois j'apportais aussi les miens. Lydia nous montrait ce que Matisse venait d'achever, et si c'était des papiers découpés, nous les voyions épinglés aux murs.

Matisse avait acheté une pelisse de mandarin chinois en damas de soie et argent, très longue et doublée d'une peau de tigre du désert de Gobi. Elle tenait debout toute seule, et Lydia l'avait disposée devant une tenture arabe mauve pâle. Le manteau était très épais, avec un énorme col blanc qui devait s'épanouir haut, de chaque côté du visage.

– Je vais faire poser mon nouveau modèle avec cette pelisse, dit Matisse, mais je voudrais d'abord le voir sur Françoise.

Pablo était réticent. Matisse insista, j'essayai la pelisse. Elle montait au-dessus de ma tête et je disparaissais complètement dans sa forme triangulaire.

– Oh! je pourrais faire quelque chose d'excellent avec cela! s'écria-t-il.

– C'est cela, faites-le, vous me donnerez le tableau, et à Françoise la pelisse, lança Pablo.

Matisse eut l'air d'hésiter :

– La pelisse va bien à Françoise, mais elle ne trouverait pas sa place dans votre univers.

– Cela m'est égal, dit Pablo.

– Non, dit Matisse. J'ai un cadeau qui vous conviendra mieux. C'est une chose qui vient de Nouvelle-Guinée. Une sculpture magique, terriblement sauvage. Juste ce qu'il vous faut.

Lydia alla la chercher. C'était un assemblage de morceaux taillés dans la fougère arborescente, violemment striés de bleu, de jaune et de rouge, d'un aspect vraiment barbare, mais pas très ancien. Plus grand que nature, les jambes

tenant par des ficelles, cet ensemble était assez dépenaillé et surmonté de plumes. C'était beaucoup moins beau que bien des objets de Nouvelle-Guinée que j'avais pu voir déjà. Pablo l'examina et dit qu'il n'y avait pas de place dans l'auto pour l'emporter cette fois-ci. Il promit de l'envoyer chercher.

Matisse acquiesça. «Mais avant que vous partiez, dit-il, je veux vous montrer mon platane.» J'en étais à me demander comment il avait bien pu transporter un platane dans l'hôtel, quand une fille gigantesque, qui semblait avoir une vingtaine d'année et mesurait un mètre quatre-vingts, fit son apparition.

– Voici mon platane, dit Matisse rayonnant.

En sortant, Pablo me dit : «Il y a quelque chose là-dessous, vous pouvez en être sûre. Mais vous ne trouvez pas exagéré qu'il continue à courir les femmes, à son âge? Il devrait être un peu plus sérieux. [...] En plus, ce truc de Nouvelle-Guinée me fait peur. Il doit aussi faire peur à Matisse, et c'est pour cela qu'il veut tellement me le donner. Il pense, sans doute, que je saurai mieux que lui l'exorciser.»

Peu après cette visite, Pablo retourna à Paris. Il y resta quelque temps, mais Matisse n'avait pas oublié son projet. Il téléphona aux Ramié, à la poterie, ignorant que Pablo était parti, et laissa un message à ce sujet. Il lui écrivit même, deux fois, que son présent était à sa disposition. Il avait manifestement décidé de le lui imposer. «Ce n'est pas quelque chose à quoi l'on puisse rester indifférent, écrivait-il, et ce n'est pas non plus quelque chose de triste.» Mais Pablo était vexé que Matisse pût croire que «cette chose» lui convenait mieux qu'un objet chinois. Il lui déplaisait que Matisse se considère comme un peintre intelligent et ne voie en lui qu'un être

Portrait d'Aragon par Matisse.

d'instincts. A la fin, Matisse fit livrer l'objet à Vallauris. Lorsqu'il l'eut en sa possession, Pablo l'aima, et nous fîmes une visite à Matisse pour le remercier.

Françoise Gilot, Carlton Lake,
Vivre avec Picasso,
Paris, Calman-Lévy, 1965

Les visites d'Aragon

Aragon, portraitiste de Matisse. Le seul, sans doute, à avoir rendu perceptible, au fil de l'admirable digression de son Henri Matisse, roman, *l'émotion créatrice du peintre.*

J'avais donc, à la fin des fins, rendu visite au peintre dans son palais. D'une façon ou d'une autre, il m'était venu à l'idée d'écrire un livre sur Matisse, qui en serait indirectement le portrait. J'avais commencé. Je venais presque chaque jour voir mon sujet. Je le faisais changer de pose, il s'y prêtait. L'éclairage variait. Le temps passait. Les oiseaux dans la grande volière faisaient soudain un blanc tapage d'ailes. Je tournais autour du modèle. Il fallait que je m'en explique l'épaule, pas? Comment les branches se détachent du tronc... Et puis tout à coup voilà qu'il parlait de son voyage au Maroc. D'une femme aperçue d'un taxi. D'une étoffe. La différence entre les peintres et moi, c'est qu'eux ils procèdent par croquis, esquisses, vers la ressemblance. Et moi, ce que j'écris tourne autour du sujet comme un interminable ruban qui s'embrouille, je ne coupe pas, je ne jette pas, le portrait à la fin est la somme de ce que j'ai pensé, du modèle, et aussi de mille choses quand je lève les yeux vers la fenêtre ou le téléphone... Enfin, le portrait pour eux, ce n'est pas ce que j'appelle le portrait, moi, quand j'écris.

D'autant que certains jours, malgré le grand soleil, ou même à l'ombre tombante, brusquement, il se dessinait dans la joue de Matisse comme une étoile brusque, par contraction. Ses lèvres devenaient blanches. Il n'avait rien dit, je faisais semblant de n'avoir rien vu. Peut-être les mots dans ma bouche s'espaçaient-ils un peu trop, une fois, qu'il me dit : «Qu'est-ce que vous avez?» Moi, rien. La sérénité revenue, j'avais le sentiment d'avoir éprouvé, moi, cette douleur furtive. Je regardais dans l'ombre, derrière Henri Matisse, il m'avait semblé y voir bouger un personnage indécis, mais ricaneur. Ces idées qu'on a...

Caelumque

Il y a dans cette pièce-ci, où nous sommes, à Cimiez, chez Matisse, un ciel, un étrange ciel en puissance, qui n'est pas au plafond, mais sur les murs autour

De la main, Matisse parcourt toute la surface des murs tapissés des séries de ses dessins juxtaposés : «Vous voyez, dit-il, c'est le même blanc partout... Nulle part, je ne l'ai enlevé...»

H enri Matisse par Cartier-Bresson.
«Il est assis dans un fauteuil...»

seulement le sentiment du peintre, car il a, et il le sait, le don de ne pas noircir, et je serai tout prêt à dire que la feuille où est son trait est plus blanche que la feuille vierge qu'elle était. Plus blanche, de cette conscience de l'être.

De la main, Matisse parcourt toute la surface des murs tapissés des séries de ses dessins juxtaposés : «Vous voyez, dit-il, c'est le même blanc partout... Nulle part, je ne l'ai enlevé...»

Blanc partout. Singulier jeu de dominos. D'une fois sur l'autre que je viens ici, ces dominos qui se jouent avec la majestueuse lenteur des échecs complètent leur partie de quelques coups, et les dessins viennent s'ajouter au bout de la série interrompue, ici ou là, où il y a encore de la place, comme le blanc et le quatre, le blanc et l'as...

Les fantômes de Cimiez

Quand, vers le soir, je prends congé d'Henri Matisse, je descends dans l'énorme Régina où il habite, dont, suivant les règlements de cet hiver 41-42, les pièces communes sont à peu près plongées dans l'ombre, je traverse ce hall-péristyle-vérandah aux colonnes de forêt, et je glisse, sur la route froide et noire à l'entrée de Cimiez, je tourne en remontant un peu, et je fais le pied de grue dans ce lieu désert, au bas d'une propriété aux murs élevés où s'arrêtera l'autobus en direction de Nice. C'est une manière de carrefour, la route s'y divise pour entourer une masse sombre et bizarre, ronde et déchirée : les ruines des arènes de Cimiez. A côté de ce palace en lotissement qu'est le Régina, quel étrange rappel de l'histoire. J'ai tout le temps d'y rêver : l'autobus se fait désirer.

de ces visages de femmes que le Dieu d'ici a voulu sublimes, souvent au sens étymologique. C'est un ciel blanc. Le ciel de Matisse. Sur ce ciel, les visages, ou les natures mortes, se sont inscrits sans l'effacer avec un souci de le ménager, de ménager cet air, cette blancheur uniforme. Le trait, son déroulement, sa façon de limiter les surfaces, tout cela est calculé pour le respect de cette blancheur. Matisse a grandement conscience de cette blancheur préservée. Il me l'a, à plusieurs reprises, fait observer, comme dans les livres qu'il a illustrés le compte tenu de la page, le balancement du dessin et du texte... On ne peut s'empêcher d'avoir un vers de Mallarmé sur le bout de la langue : Le blanc souci... Sans doute, mais le culte de la page vide chez le poète, cette peur sacrée de la noircir, c'est à l'origine

Aragon,
Henri Matisse, roman,
Paris, Gallimard, 1971

«Line»

Témoin privilégié de la vie au Régina, Jacqueline Duhême raconte le déroulement d'une journée et le rythme des saisons du peintre entre Paris et Nice, et la lumière si particulière aux maisons de Matisse.

Il est assis dans un fauteuil, habillé d'un pantalon de fin lainage beige et d'une veste de même tissu, très large avec un petit col pointu. J'apprendrai longtemps après que Matisse faisait faire ses costumes chez Charvet, place Vendôme, tout comme son ami Pierre Reverdy. Sous la veste ouverte, un tricot vert pomme (granny smith) et une chemise rose. Le visage est encadré d'une barbiche blanche bien taillée. Le regard bleu brillant, vif et curieux passe au travers de petites lunettes cerclées d'or, tout jeune pour ses 79 ans.

Dans cette grande pièce toute claire où se trouvent le lit blanc du maître, des dessins aux murs, des plantes vertes, des tourterelles, celles que nous avions entendues, dans une cage de bois. Sur les meubles, des poteries en terre rose.

La seule touche de bleu dans cet espace : le regard de Matisse passant du bleu pâle au bleu marine.

Sur sa demande, je vais acheter quelques simples feuilles d'emballage beige et des feuilles de papier, celles que l'on utilise pour couvrir les livres de classe, bleu clair et bleu foncé. Il place ensuite ces feuilles sur le mur, les unes à côté des autres, puis les unes sous les autres en alternant les valeurs de couleurs. Matisse découpe ensuite dans du papier Ingres blanc ses sujets, mouettes ou poissons dont il a déterminé les formes au cours de son travail préparatoire. La sûreté de sa main m'étonne toujours. Il recule ensuite et me demande de fixer les sujets découpés sur le fond coloré. Cette opération est faite à l'aide de pointes. Selon son goût, je déplace les différents éléments de la composition. […]

La journée de Matisse est réglée

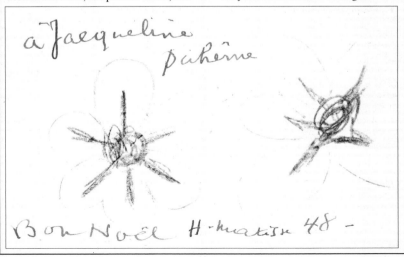

à aragon
Henri matisse
nov. 46

Elsa à la voilette par Matisse.

Il exige alors que l'on bouche le trou en le transformant en pâquerette brodée plutôt qu'en triste reprise.

Le petit déjeuner est partagé avec les chats qui sont sur le lit. Il écoute les nouvelles à la radio, puis il se lave les mains et se met au travail. Comme depuis son opération, il doit rester presque toujours alité, ne se levant qu'une à deux heures par jour, il a vraiment besoin de quelqu'un pour le seconder. Il travaille jusqu'à l'heure du déjeuner. En ce moment, il exécute les dessins préliminaires pour l'illustration des *Lettres de la religieuse portugaise*. Comme il a besoin d'un visage, je pose pour lui. Comme il n'aime pas que l'on se fige, il m'envoie en même temps tailler des crayons ou passer des feuilles de papier à la gouache. Il utilise largement ces sortes de papiers, mais il exige qu'ils soient peints à la maison. J'ai appris de cette manière à croiser le brossage du papier en superbe bleu de cobalt et autres couleurs. [...]

Le travail minutieux du patron sur un portrait au fusain peut durer une semaine. Puis il recommence. En fait, il a l'air d'apprendre par cœur sa forme avec ses volumes et ses lumières pour ensuite en faire un dessin pur d'un seul trait au pinceau. [...] C'est très émouvant, on sent sa retenue, sa concentration remplit la pièce.

Après la matinée de travail, le déjeuner, puis la sieste.

L'après-midi, Matisse se lève. Il marche dans la maison ou parfois va se promener en ville ou visiter des amis. [...]

Le Patron aime aussi être entouré d'objets choisis par lui selon un ordre précis. Ils doivent être posés là où il les voit. Après avoir essuyé un pot sur un meuble, il faut veiller à le remettre dans la position exacte dans laquelle il se

comme du papier à musique. Elle commence à huit heures : tous les «gens» doivent être prêts : Lydia, moi, la cuisinière et la femme de ménage. Chacun à son poste. L'infirmière de nuit a donné les soins du matin au «Patron» et fait sa toilette. Elle part dormir. La cuisinière a préparé le café au lait, les tartines et elle a sorti les médicaments. J'apporte le tout sur un plateau. Monsieur Matisse, rasé de frais, parfumé à l'eau de Cologne, est assis dans son lit, soutenu par des coussins. Les draps bien tirés, impeccables, sont parsemés de pâquerettes brodées. Comme il adore fumer des cigarillos, souvent l'extrémité allumée tombe sur son revers de drap, et fait un trou.

trouvait, la queue tournée à droite par exemple. Rien n'est disposé au hasard autour de Matisse. Il observe sans arrêt les formes qui l'entourent et en garde la mémoire.

Econome, parfois il se lève et fouille dans la maison pour voir si l'on n'a pas jeté des choses qui peuvent encore servir. Comme je m'étonne de cette surveillance, il me raconte qu'étant petit ses parents n'étaient pas riches. Son frère et lui devaient ramasser les graines tombées entre les interstices du carrelage en humectant leurs doigts de salive. Lorsqu'il avaient ainsi ramassé cent grammes de graines, ils recevaient de leur père un sou. [...]

Vers cinq heures du soir, Matisse prend une légère tasse de thé et nous travaillons encore jusqu'au dîner.

Après le repas, il aimait que je lui fasse un peu de lecture. C'était, à un moment, les *Mémoires d'outre-tombe* de Chateaubriand. [...]

Fin juin nous partons pour Paris où Henri Matisse possède un appartement boulevard du Montparnasse. Il vient y habiter tout l'été. Il estime qu'il fait trop chaud dans le Midi et qu'il y a trop de monde.

La S.N.C.F. met à notre disposition un wagon spécial où le Patron dispose d'une «grande couchette et salon». Lydia occupe la couchette attenante à la «suite» et nous, l'infirmière, la cuisinière et moi, nous trouvons dans les trois couchettes suivantes. Les chats ont été confiés au jardinier et restent à Vence. Notre arrivée à la gare de Lyon est très remarquée et je ne suis pas peu fière de faire partie de «l'équipe Henri Matisse». Installés à Paris dans l'appartement bourgeois au troisième étage d'un immeuble cossu en pierre de taille, nous reprenons notre rythme habituel. [...]

Ici on reçoit beaucoup de visites.

Edmonde Charles-Roux, jeune journaliste pour une interview. Roland Petit qui voudrait des décors pour ses ballets, que Matisse ne veut pas faire. Louis Aragon qui demande le portrait de sa femme pour illustrer *Les Yeux d'Elsa*.

[...] Un après-midi, c'est Yvette Chauviré, danseuse étoile de l'Opéra de Paris, qui arrive et interprète pour Henri Matisse *la Mort du cygne* dans un style «lifarien». Nous sommes émerveillés de voir de si près chaque mouvement de la danse. On découvre l'énorme effort, la discipline d'acier qui soutient l'apparente facilité et fragilité de la danse. Matisse dévore des yeux les mouvements, le crayon en l'air, comme hypnotisé par la beauté des gestes.

L'été prend fin et nous préparons le départ pour Nice. Cette fois, nous logerons au Régina. L'entrée de l'appartement est constituée par un superbe hall de dimensions impressionnantes. En arrivant, on éprouve un peu le sentiment d'entrer dans un musée ou un temple. Le moulage de L'Aurige de Delphes (aujourd'hui au musée Henri-Matisse de Cimiez, à Nice) accueille, olympien, les visiteurs du haut de ses trois mètres de plâtre blanc. Les autres pièces-musées sont meublées sobrement, mais avec des meubles curieux, anciens, de pays divers. La lumière, si particulière aux maisons de Matisse, tamisée par des rideaux écrus à demi tirés selon le soleil, recrée, à Nice comme à Vence, une impression de temple grec où l'on mènerait une vie monacale.

Une vie monacale qui attend dans la chambre-atelier du Patron où trône déjà, au centre, la maquette de la future chapelle des Dominicaines de Vence.

Jacqueline Duhême,
Line et les autres,
Gallimard, 1986

Dans l'appartement - atelier

«Regardez comme elle illumine la pièce!» disait Matisse de l'une de ses natures mortes, au milieu de l'atelier de Gustave Moreau. De même, aux murs du Régina, devant la baie éblouissante, les dessins de la série Thèmes et Variations *(1943) dans le blanc irradiant de la page. «Le tableau, confie-t-il à Georges Duthuit, doit posséder un pouvoir de génération lumineuse.» A Nice, où «la richesse et la clarté argentée de la lumière, surtout dans la belle période de janvier», l'a incité à installer son atelier, c'est aussi l'intensité constante et l'invariabilité cristalline des couleurs qui joueront le premier rôle.*

Le mystère de la chambre claire

Aragon, dans la grotte «ulysséenne» de Matisse, raconte :

Cette chambre claire, comme on dit en optique, où, dans un palais labyrinthique en haut de Cimiez, le grand peintre français poursuit une expérience dont la

singularité est au moins égale à celle qui animait le roi peintre et poète, cette chambre claire retient une centaine, au bas mot, d'épreuves de cette expérience : comme des modulations d'un même air. Henri Matisse, au milieu de ces images achevées de l'inachevable, semble chercher lui-même l'explication de son entreprise en la poursuivant.

Il y est, à vrai dire, la démonstration de deux vérités, qu'on n'a exprimées jusqu'ici ni par le dessin ni par la peinture. C'est la vieille rengaine de Buffon : «Le style, c'est l'homme même», et la boutade de Gustave Flaubert : «Madame Bovary, c'est moi.»

L a chambre claire, photographie de Maurice Bérard, Nice, 1941.

Thèse

De cette chambre claire, je dirai que rien au monde ne ressemble moins à une grotte, comme d'Henri Matisse personne n'est plus différent du Docteur Faust.

Pôle Nord - pôle Sud,disait de Matisse et de lui-même Picasso. Matisse décrit par Aragon reste, à Nice, un «homme du Cambrésis».

Comme son Cambrésis, cette région en a vu de dures : après les Romains, ce furent les Wisigoths, puis les Lombards, puis les Sarrazins..., jusqu'à ce qu'enfin au Xe siècle, le premier Grimaldi de ces Grimaldi qui furent à travers les âges le parti français de Fréjus à Gênes, Guelfes ou Garibaldiens, vînt libérer l'ancien pays ligure et donner son nom au golfe de Grimaud. Il se trouve qu'il descendait de Grimoald, fils de Pépin d'Héristal et frère de Charles Martel. Comme on se rencontre!

Voilà mon autobus.

Le carnaval de Nice

La vue de l'atelier transforme le spectacle du dehors en un espace de travail. Comme le peintre est dans son tableau, l'atelier est au cœur de la ville.

Nice, où il habita d'abord le quartier des Ponchettes, puis les hauteurs de Cimiez, est étroitement unie à la gloire de Matisse. Ce rapport-là a bien l'importance des liens que le peintre peut avoir avec Mallarmé, ou Ronsard. Il n'est pas indifférent qu'un grand peintre ait travaillé ici ou là. Et pour Matisse moins encore que pour un autre.

A cause de l'honnêteté de cet artiste. Je m'étonne de n'avoir pas encore écrit le mot à son sujet, dans le moment que ma plume le forme. L'honnêteté, voilà qui est plus caractéristique de l'œuvre de Matisse que ne l'est la raison.

L'honnêteté est souvent déraisonnable.

Je vois déjà se hausser des épaules. Le mot honnêteté est généralement pris pour niaiserie dans un monde où l'illusionnisme est roi. Tant pis pour les épaules : qu'elles retombent, avec leurs illusions. Ici, on ne triche pas. Le Casino, c'est en bas, à droite.

C'est sur Nice que s'ouvrent les fenêtres de Matisse. Je veux dire dans ses tableaux. Ces merveilleuses fenêtres ouvertes, derrière lesquelles le ciel est bleu comme les yeux de Matisse derrière ses lunettes. Et c'est un dialogue de miroirs. Nice regarde son peintre et se peint dans ses yeux. Une drôle de Madame Bovary par le temps qui court!

Si je pouvais lui faire dire : «Nice, c'est moi!» à Matisse... Il est trop orgueilleux pour le faire (j'avais d'abord pensé trop modeste, j'ai écrit orgueilleux) et puis trop honnête. Au fond, Flaubert se calomniait : Emma Bovary, ce n'était pas lui. Il était trop honnête, Flaubert. Et pas modeste pour un sou.

«Voulez-vous que je vous dise? Nice... pourquoi Nice? Dans mon art, j'ai tenté de créer un milieu cristallin pour l'esprit : cette limpidité nécessaire, je l'ai trouvée en plusieurs lieux du monde, à New York, en Océanie, à Nice. Si j'avais peint dans le Nord, comme il y a trente ans, ma peinture aurait été différente : il y aurait eu des brumes, des gris, des dégradations de la couleur par la perspective. Tandis qu'à New York, les peintres, là-bas, disent : on ne peut pas peindre ici, avec ce ciel en zinc! En réalité, c'est admirable! Tout devient net, cristallin, précis, limpide. Nice, en ce sens, m'a aidé. Comprenez bien, ce que je peins, ce

La «vérandah» du Régina, à Nice.

sont des objets pensés avec des moyens plastiques : si je ferme les yeux, je revois les objets mieux que les yeux ouverts, privés de leurs petits accidents c'est cela que je peins...»

Il faut dire que Nice apportait au peintre, avec sa lumière, et une végétation tropicale, une autre source d'inspiration : il n'y a pas en France de ville, même à compter Paris, plus cosmopolite que Nice, mais pas seulement par ses caravansérails. A Nice,

il est venu des quatre coins du monde des gens qui y ont apporté la poussière de leur patrie, ses mœurs, ses traditions. Par là, cette ville offrait à Matisse un choix de modèles, des types de femmes qu'il n'eût pas trouvés ailleurs, un souffle du vaste monde. L'Orient, la Russie, les pays barbaresques, et jusqu'aux mers du Sud. Cette grande tentation partout sensible dans son œuvre. Cette reconstruction du monde.

Il avait de surcroît reçu le don, très vif

et très prononcé, de l'installation. Il était fait pour s'installer commodément dans la vie, sur la terre, moralement d'abord, il avait tout de suite compris, qu'il devait axer la sienne sur son art et la consacrer presque entièrement au travail. [...]

Il eut aussi un assez grand nombre de domiciles, tous de plus en plus confortables et même, vers la fin, somptueux. Or, la possession de plusieurs domiciles ne suppose-t-elle pas beaucoup de quiétude d'esprit, de confiance, d'optimisme et de sécurité? On est d'autant plus solidement enraciné sur la terre qu'on y peut poser et reposer à la fois ses pieds en plusieurs endroits préférés. Et, par la fondation et la décoration de la célèbre chapelle de Vence, blottie et recueillie, comme une patiente coccinelle, sur le meilleur versant d'un ravin du Midi, le voilà plus profondément encore installé dans ce monde, à perpétuité, c'est-à-dire aux termes mêmes de l'Apocalypse, jusqu'à la fin des Temps.

Aragon,
Henri Matisse, roman,
Paris, Gallimard, 1971

Le quai Saint-Michel et Issy-les-Moulineaux

L'atelier de Matisse en 1919, 19 quai Saint-Michel, était une pièce de dimensions moyennes, basse de plafond, «meublée de façon assez bourgeoise, mais avec une vue merveilleuse…»

Au quai Saint-Michel, j'habitais au-dessus de chez Vanier, l'éditeur de Verlaine. J'avais deux fenêtres qui donnaient, au cinquième, à pic sur le petit bras de la Seine. Jolie vue : à droite Notre-Dame, le

Ci-dessous et à droite, le jardin et la maison d'Issy-les-Moulineaux.

Louvre à gauche, le Palais de Justice et la Préfecture en face. Le dimanche matin, il y avait toujours un mouvement du diable sur ce quai : les péniches sont amarrées : les pêcheurs y vont installer leur petit pliant : des gens furètent dans les boîtes à bouquins. C'était le plein cœur de Paris.

in Macula, n° 1, 1976

«Mais, Monsieur Matisse, dis-je, à vrai-dire vous n'avez pas ici de compositions proprement dites; tout ce que je vois aux murs, ce ne sont que des études de portraits ou des esquisses d'extérieurs. Vous n'êtes pas en train de faire des choses plus grandes?

– Si, mais je ne peux pas les peindre dans cette petite pièce, j'ai besoin de place autour de moi, de grands espaces, de recul, et c'est pour cela que je me suis fait construire un atelier dans ma maison d'Issy-les-Moulineaux, où je travaille sur toutes les tâches décoratives. J'ai aussi là-bas un merveilleux jardin avec beaucoup de fleurs, qui sont pour moi les meilleures leçons de composition de couleurs. Les fleurs me donnent souvent des impressions de couleurs qui restent marquées de façon indélébile sur ma rétine, comme au fer rouge. Ainsi, lorsqu'un jour je me trouve, la palette à la main, devant une composition et que je ne sais que très approximativement quelle couleur utiliser en premier, alors ce souvenir peut surgir en mon for intérieur et me venir en aide, me donner

une impulsion. De cette façon, je deviens aussi naturaliste, si toutefois on peut appeler naturaliste le fait d'écouter ses souvenirs et l'instinct de sélection qui est si intimement lié à tout talent créateur.

Je serais content que vous alliez un jour là-bas, vous n'avez qu'à me téléphoner ici un matin, et nous pourrions y aller ensemble. Vous voyez, on vient de m'installer le téléphone aujourd'hui même, dans ce petit appartement.»

Nous avons parlé un moment du téléphone à Paris qui est loin de valoir le téléphone en Suède, et nous nous sommes séparés sur une poignée de mains et un au-revoir.

Ragnar Hoppe, *in Macula*, n° 1, 1976

«Ma ferme»

Matisse dans son «paradis» de peintre. L'image reste rurale et l'organisation de la journée de travail celle du «travailleur picard».

Nous sommes ici dans ce que j'ai baptisé ma "ferme", m'apprit Matisse. J'y bricole plusieurs heures par jour, car ces plantes donnent un mal terrible à entretenir... Mais en même temps que je les soigne j'en saisis mieux le genre, le poids, la flexibilité, et cela m'aide dans mes dessins... Comprenez-vous, maintenant, pourquoi je ne m'ennuie jamais? Depuis plus de cinquante ans, je n'ai pas un instant cessé de travailler. De neuf heures à midi, première séance. Je déjeune. Ensuite, je fais un bout de sieste et reprends mes pinceaux à deux heures de l'après-midi jusqu'au soir. Vous ne me croirez pas. Chaque dimanche, je suis obligé de raconter toutes sortes de craques aux modèles. Je leur promets que c'est la dernière fois que je les supplie de venir poser ce jour-là. Naturellement, je les paie le double.

"Le modèle… c'est le foyer de mon énergie."

La volière, au Régina de Nice.

Enfin, quand je ne les sens pas convaincues, je jure de leur donner campo dans le courant de la semaine. «Mais, Monsieur Matisse, m'a répliqué l'une d'elles, voilà des mois que ça dure et je n'ai jamais eu un seul après-midi de congé...» Les pauvres : elles n'y comprennent rien. Pourtant je ne peux pas sacrifier mes dimanches à ces petites, sous prétexte qu'elles ont un amoureux. Mettez-vous à ma place. Quand j'habitais l'Hôtel de la Méditerranée, la Bataille de Fleurs était pour moi presque un supplice. Toutes ces musiques, ces voitures et ces rires sur la Promenade. Les petites n'y étaient plus. Alors je les ai installées à la fenêtre et les ai peintes de dos.

in Raymond Escholier,
Matisse, ce vivant,
Paris, Librairie Arthème Fayard, 1956

Les oiseaux

Au moment de réaliser le décor du ballet Le Chant du rossignol, *Diaguilev et Fokine s'étonneront de voir Matisse entouré d'oiseaux exotiques.*

«Il y a quelques années, ici, dans cette grande pièce, il y avait plus de trois cents oiseaux. Des perruches, des merles, des pigeons, des espèces rares. Ils voletaient dans des volières. Les pigeons, eux, étaient libres dans la chambre. On se serait cru dans une forêt».

Raymond Escholier,
op. cit.

Matisse théoricien

Matisse ne théorise pas. Il explique et s'explique «pour être compris». Et si ses écrits et propos forment, pour finir, une théorie, tel n'était pas leur objectif. Plutôt des notes, quelques conseils, des mises en garde et des mises au point. Pour«mettre de l'ordre». Et se montrer«utile». Matisse y révèle sa méthode créative. Qui met en cause toute idée de méthode arrêtée, toute prescription théorique. Mais ne cesse pourtant d'énoncer, sur un mode qui parut souvent doctoral à ses contemporains, sa «vérité en art».

La place de la couleur

La couleur est au cœur de la théorie expressive de Matisse. Et de son dépassement.

Dire que la couleur est redevenue expressive, c'est faire son histoire. Pendant longtemps, elle ne fut qu'un complément du dessin. Raphaël, Mantegna ou Dürer, comme tous les peintres de la Renaissance, construisent par le dessin et ajoutent ensuite la couleur locale. Au contraire, les Primitifs italiens et surtout les Orientaux avaient fait de la couleur un moyen d'expression... De Delacroix à Van Gogh et principalement à Gauguin en passant par les impressionnistes qui font du déblaiement et par Cézanne qui donne l'impulsion définitive et introduit les volumes colorés, on peut suivre cette réhabilitation du rôle de la couleur, la restitution de son pouvoir émotif.

in Gaston Diehl,
Problèmes de la Peinture, Paris, 1945

Je cherche simplement à poser des couleurs qui rendent ma sensation. Il y a une proportion nécessaire de tons qui peut m'amener à modifier la forme d'une figure ou à transformer une composition. Tant que je ne l'ai pas obtenue par toutes les parties, je la cherche et je poursuis mon travail. Puis, il arrive un moment où toutes les parties ont trouvé leurs rapports définitifs, et dès lors, il me serait impossible de rien retoucher à mon tableau sans le refaire entièrement...

in Georges Duthuit, *Les Fauves,*
Editions des Trois Collines, 1949

Pour aboutir à une traduction directe et pure de l'émotion, il faut posséder intimement tous les moyens, avoir éprouvé leur réelle efficacité. Les jeunes artistes n'ont pas à craindre de faire des faux-pas. La peinture n'est-elle pas une incessante exploration en même temps que la plus bouleversante des aventures? Ainsi quand je faisais mes études je cherchais tantôt à obtenir un certain équilibre et une rythmique expressive rien qu'avec des couleurs, tantôt à vérifier le pouvoir de la seule arabesque. Et lorsque la couleur arrivait à une trop grande force d'expansion, je la meurtrissais – ce qui ne veut pas dire que je l'assombrissais – afin que mes formes parviennent à plus de stabilité et de caractère. Qu'importent les dérivations, si chacune permet d'avancer vers le but.

in *Peintres d'aujourd'hui*,
sous la direction de Gaston Diehl,
coll. Comoedia-Charpentier, juin 1943

Le côté expressif des couleurs s'impose à moi de façon purement instinctive. Pour rendre un paysage d'automne je n'essaierai pas de me rappeler quelles teintes conviennent à cette saison, je m'inspirerai seulement de la sensation qu'elle me procure : la pureté glacée du ciel, qui est d'un bleu aigre exprimera la saison tout aussi bien que le nuancement des feuillages.

Henri Matisse, «Notes d'un peintre»,
La Grande Revue, 25 décembre 1908

La révélation m'est toujours venue de l'Orient. A Munich j'ai trouvé une nouvelle confirmation de mes recherches. Les miniatures persanes, par exemple, me montraient toute la possibilité de mes sensations. Par ses accessoires, cet art suggère un espace plus grand, un véritable espace plastique. Cela m'aide à sortir de la peinture d'intimité. C'est donc assez tard que cet art m'a vraiment touché et j'ai compris la peinture byzantine devant les icônes de Moscou.

A Gaston Diehl

Si j'ai à peindre un corps de femme : d'abord je lui donne de la grâce, un charme, et il s'agit de lui donner quelque chose de plus. Je vais condenser la signification de ce corps en recherchant ses lignes essentielles. Le charme sera moins apparent au premier regard mais il devra se dégager à la longue de la nouvelle image que j'aurai obtenue et qui aura une signification plus large, plus pleinement humaine.

Henri Matisse,
«Notes d'un peintre», *op. cit.*

J'ai à peindre un intérieur : j'ai devant moi une armoire, elle me donne une sensation de rouge bien vivant, et je pose un rouge qui me satisfait. Un rapport s'établit de ce rouge au blanc de la toile. Que je pose à côté un vert, que je rende le parquet par un jaune, et il y aura encore, entre ce vert ou ce jaune et le blanc de la toile des rapports qui me satisferont. Mais ces différents tons se diminuent mutuellement. Il faut que les signes divers que j'emploie soient équilibrés de telle sorte qu'ils ne se détruisent pas les uns les autres. Pour cela je dois mettre de l'ordre dans mes idées; la relation entre les tons s'établira de telle sorte qu'elle les soutiendra au lieu de les abattre. Une nouvelle combinaison de couleurs succédera à la première et donnera la totalité de ma représentation. Je suis obligé de transposer et c'est pour cela qu'on se figure que mon tableau a totalement changé lorsque après des modifications successives le rouge a remplacé le vert comme dominante.

H. Matisse, «Notes d'un peintre», *op. cit.*

Le choix de mes couleurs ne repose sur aucune théorie scientifique : il est basé sur l'observation, sur le sentiment, sur l'expérience de ma sensibilité. S'inspirant de certaines pages de Delacroix, un artiste comme Signac se préoccupe des complémentaires, et leur connaissance théorique le portera à employer, ici ou là, tel ou tel ton. [...]

En réalité, j'estime que la théorie même des complémentaires n'est pas absolue. En étudiant les tableaux des peintres dont la connaissance des couleurs repose sur l'instinct et le sentiment, sur une analogie constante de leurs sensations, on pourrait préciser sur certains points les lois de la couleur, reculer les bornes de la théorie des couleurs telle qu'elle est actuellement admise.

Henri Matisse,
Ecrits et propos sur l'art,
Paris, Hermann, coll. «Savoir», 1972

«Mettre de l'ordre dans mon cerveau»

J'ai fait de la sculpture parce que ce qui m'intéressait dans la peinture, c'était de mettre de l'ordre dans mon cerveau. Je changeais de moyen, je prenais la terre pour me reposer de la peinture dans laquelle j'avais absolument fait tout ce que je pouvais pour le moment. Ça veut dire que c'était toujours pour organiser. C'était pour ordonner mes sensations, pour chercher une méthode qui me convienne absolument. Quand je l'avais trouvée en sculpture, ça me servait pour

la peinture. C'était toujours en vue d'une possession de mon cerveau, d'une espèce de hiérarchie de toutes mes sensations, qui m'aurait permis de conclure.

Jean Guichard-Meili,
Matisse, Somogy, 1986

Composition et expression

La composition doit viser à l'expression, se modifie avec la surface à couvrir. Si je prends une feuille de papier d'une dimension donnée, j'y tracerai un dessin qui aura un rapport nécessaire avec son format. Je ne répéterai pas ce même dessin sur une autre feuille dont les proportions seraient différentes, qui, par exemple, serait rectangulaire au lieu d'être carrée. L'expression, pour moi, ne réside pas dans la passion qui éclatera sur un visage ou qui s'affirmera par un mouvement violent. Elle est dans toute la disposition de mon tableau : la place qu'occupent les corps, les vides qui sont autour d'eux, les proportions, tout cela a sa part. La composition est l'art d'arranger de manière décorative les divers éléments dont le peintre dispose pour exprimer ses sentiments.

H. Matisse, «Notes d'un peintre», *op. cit.*

Ce que je poursuis par-dessus tout, c'est l'expression. Quelquefois, on m'a concédé une certaine science, tout en déclarant que mon ambition était bornée et n'allait pas au-delà de la satisfaction d'ordre purement visuel que peut procurer la vue d'un tableau. Mais la pensée d'un peintre ne doit pas être considérée en dehors de ses moyens qui doivent être d'autant plus complets (et, par complets, je n'entends pas compliqués) que sa pensée est plus profonde. Je ne puis pas distinguer entre le sentiment que j'ai de la vie et la façon dont je le traduis. [...]

Dans un tableau, chaque partie sera visible et viendra jouer le rôle qui lui revient, principal ou secondaire. Tout ce qui n'a pas d'utilité dans le tableau est, par là-même, nuisible. Une œuvre comporte une harmonie d'ensemble : tout détail superflu prendrait, dans l'esprit du spectateur, la place d'un autre détail essentiel.

Henri Matisse,
Ecrits et propos sur l'art, op. cit.

La matière des choses

Mais cependant, avec une nature morte faite d'un coquillage, d'un pot à fleurs bleu, d'une tasse à café, d'une cafetière et de trois pommes vertes sur une table de marbre noir et vert – et que j'ai travaillée (transformée) pendant trente séances – je me crois arrivé au bout de ce que je puis faire dans ce sens abstrait – à force de méditations, de rebondissements sur différents plans d'élévation, de dépouillement (j'espère que tu me comprends ou que je me fais comprendre plutôt). Présentement je ne puis aller plus loin, et je ne puis même –

il n'en est pas question – me répéter. Aussi je me suis entraîné à rester dans une conception moins extraordinaire, moins spirituelle – et je me suis rapproché de la matière des choses. Pour cela j'ai peint des huîtres. Là mon cher, des sensations gustatives sont nécessaires. Il faut qu'une huître en représentation reste un peu ce qu'elle est, un peu le rendu hollandais. Voilà la troisième toile que je fais sur ce sujet; bien entendu je fais, tout en m'en défendant, cas de la pièce, de l'espace environnant. Je me suis laissé la bride sur le cou; cela m'a demandé de grands efforts et je suis arrivé à retrouver des qualités naturelles mais que j'avais dû brider depuis longtemps, des saveurs de peinture savoureuse qui je crois t'intéresseront. Je ne sais ce que sera la suite, je ne suis pas certain de ce que vaut ce que je viens de faire, l'enfant vient de naître. Mais je suis certain que ces tableaux quoique vifs de couleurs ne peuvent se rendre qu'avec de la peinture à l'huile, tandis que depuis longtemps il n'était question pour moi que de lignes et de couleurs et n'importe quel moyen

m'était indifférent, aquarelle, gouache; il n'était question que de mariage expressif de surfaces colorées et proportionnées différemment. Je crois que c'est un résultat. Je voudrais vivre assez vieux pour revenir à ma précédente conception et voir ce que mon nouveau travail y pourrait ajouter.

Lettre à Palady,
Nice, 7 décembre 1940

Le fil d'Ariane

Quelle vie de tourments quand on dépend, avec ma sensibilité aiguë, d'une méthode, ou plutôt quand une sensibilité aiguë empêche de se reposer sur une méthode de soutien. J'en suis tout chaviré, et je me souviens que toute ma vie s'est passée ainsi – moment de désespoir suivi d'un instant heureux de révélation qui me permet de faire quelque chose qui dépasse le raisonnement et me laisse aussi désemparé devant une nouvelle entreprise. Quoique je voie qu'il en sera toujours ainsi, pour moi, je persiste à chercher le fil d'Ariane qui doit me conduire logiquement à m'exprimer en ce que je crois avoir d'exceptionnel avec des moyens (couleurs) plus riches que le dessin au trait, avec lequel je sors ce qui m'émeut dans la nature, dans la sympathie que je crée entre les objets qui m'entourent, autour desquels je vis, et dans lesquels j'arrive à placer mes sentiments de tendresse – sans risquer d'en souffrir comme dans la vie.

Lettre à A. Rouveyre,
6 octobre 1941

Cent fois sur le métier

Je suis donc un vieux cinglé qui veut recommencer sa peinture pour mourir enfin satisfait. Ce qui est pourtant impossible. Voulant faire une peinture en rapport avec mes dessins, ceux qui me viennent directement du cœur, tracés avec la plus grande simplicité, je suis engagé dans une route bien pénible qui me semble démesurée à cause du peu de temps que mon âge m'accordera. Et pourtant pour être d'accord avec moi-même je ne puis faire autrement. Avec la sorte de rapports de couleur que je suis porté à employer pour rendre ce que je sens, dégagé de l'accidentel, je me trouve à représenter les objets dépourvus de lignes fuyantes, je veux dire vus de face – presque les uns près des autres – rattachés entre eux par mon sentiment – dans une atmosphère créée par les rapports magiques de la couleur. Pourquoi pas, pour être logique, n'employer que des tons locaux – sans reflets – personnages sur le même plan comme un jeu de massacre. Sur ces éléments de représentation simplifiée, mettre une couleur venue du ton local sublimé, ou même inventé entièrement d'après mon sentiment chauffé par la présence de la nature même. Mais dans mon dessin synthétique je laisse place à l'accidentel. J'en profite même. Certains éléments accessoires me servent autant que le plus indispensable.

Lettre à A. Rouveyre,
3 juin 1947

«Mon trait ému modèle la lumière»

Mon dessin au trait est la traduction directe et la plus pure de mon émotion. La simplification du moyen permet cela. Cependant, ces dessins sont plus complets qu'ils peuvent paraître à certains qui les assimilent à une sorte de croquis. Ils sont générateurs de lumière; regardés dans un jour réduit ou bien dans un éclairage indirect, ils contiennent, en plus de la saveur et de la sensibilité de la ligne, la lumière et des différences de valeurs correspondant à la couleur d'une façon évidente. Ces qualités sont aussi visibles en pleine lumière, pour beaucoup. Elles viennent de ce que ces dessins sont toujours précédés d'études faites avec un moyen moins rigoureux que le trait, le fusain par exemple ou l'estompe, qui permet de considérer simultanément le caractère du modèle, son expression humaine, la qualité de la lumière qui l'entoure, son ambiance et tout ce qu'on ne peut exprimer que par le dessin. Et c'est seulement lorsque j'ai la sensation d'être épuisé par ce travail, qui peut durer plusieurs séances que, l'esprit clarifié, je puis laisser aller ma plume avec confiance. J'ai alors le sentiment évident que mon émotion s'exprime par le moyen de l'écriture plastique. Aussitôt que mon trait ému a modelé la lumière de ma feuille blanche, sans en enlever sa qualité de blancheur attendrissante, je ne puis plus rien lui ajouter, ni rien en reprendre. La page est écrite : aucune correction n'est possible. Il n'y a plus qu'à recommencer si elle est insuffisante, comme s'il s'agissait d'une acrobatie...

J'ai tenu toujours le dessin, non comme un exercice d'adresse particulière, mais avant tout, comme un moyen d'expression de sentiments intimes et des descriptions d'état d'âme, mais moyen simplifié pour donner plus de simplicité, de spontanéité à l'expression qui doit aller sans lourdeur à l'esprit du spectateur.

Mes modèles, figures humaines, ne sont jamais des «figurantes» dans un intérieur. Elles sont le thème principal de mon travail. Je dépends absolument de mon modèle que j'observe en liberté, et c'est ensuite que je me décide pour lui fixer la pose qui correspond le plus à son

Portrait de madame Matisse, mine de plomb sur papier.

naturel. Quand je prends un nouveau modèle, c'est dans son abandon au repos que je devine la pose qui lui convient et dont je me rends esclave. Je garde ces jeunes filles souvent plusieurs années, jusqu'à épuisement d'intérêt. Mes signes plastiques expriment probablement leur état d'âme (mot que je n'aime pas) auquel je m'intéresse inconsciemment, ou bien alors à quoi? Leurs formes ne sont pas toujours parfaites, mais elles sont toujours expressives. L'intérêt émotif qu'elles m'inspirent ne se voit pas spécialement sur la représentation de leur corps, mais souvent par des lignes ou des valeurs spéciales qui sont répandues sur toute la toile ou sur le papier et en forment son orchestration, son architecture. Mais tout le monde ne s'en aperçoit pas. C'est peut-être de la volupté sublimée, ce qui n'est peut-être pas encore perceptible pour tout le monde.

J'ai répondu à quelqu'un qui me disait que je ne voyais pas les femmes comme je les représentais : «Si j'en rencontrais de pareilles dans la vie, je me sauverais épouvanté.» Avant tout, je ne crée pas une femme, je fais un tableau...

Malgré l'absence de traits entrecroisés d'ombres ou de demi-teintes, je ne m'interdis pas le jeu des valeurs, les modulations. Je module avec mon trait plus ou moins épais, et surtout par les surfaces qu'il délimite sur mon papier blanc, sans y toucher, mais par des voisinages. On voit ça très bien dans les dessins de Rembrandt, de Turner, et d'une façon générale, dans ceux des coloristes.

En résumé, je travaille sans théorie. J'ai seulement conscience des forces que j'emploie et je vais poussé par une idée que je ne connais vraiment qu'au fur et à mesure qu'elle se développe par la marche du tableau. Comme disait Chardin : «J'en remets (ou j'en retire car je gratte beaucoup) jusqu'à ce que ça fasse bien.» Faire un tableau paraîtrait aussi logique que de construire une maison si on marchait avec de bons principes. Le côté humain, on ne doit pas s'en occuper. On l'a ou on ne l'a pas. Si on l'a, il colore l'œuvre malgré tout...

in **Raymond Escholier,**
Matisse, ce vivant, Paris,
Librairie Arthème Fayard, 1956

«Ma route n'a rien de prévu»

Quand j'exécute mes dessins – «Variations» – le chemin que fait mon crayon sur la feuille de papier a, en partie, quelque chose d'analogue au geste d'un homme qui chercherait, à tâtons, son chemin dans l'obscurité. Je veux dire que ma route n'a rien de prévu : je suis conduit, je ne conduis pas. Je vais d'un point de l'objet de mon modèle à un autre point que je vois toujours uniquement seul, indépendamment des autres points vers lesquels se dirigera par la suite ma plume. N'est-ce pas que je suis seulement dirigé par un élan intérieur que je traduis au fur et à mesure de sa formation plutôt que par l'extérieur que mes yeux fixent et qui n'a pourtant pas plus d'importance pour moi à ce moment précis qu'une faible lueur dans la nuit vers laquelle je dois me diriger d'abord – pour, une fois atteinte, percevoir une autre lueur vers laquelle je marcherai, en inventant toujours mon chemin pour y arriver. Chemin si intéressant, n'est-il pas le plus intéressant de l'action?

Comme l'araignée lance (ou accroche?) son fil à l'aspérité qui lui paraît le plus propice et de là à une autre qu'elle aperçoit ensuite, et de point en point établit sa toile.

Quant à la confection de mes dessins d'étude, mes «Thèmes», mon action ne m'est pas encore apparue aussi clairement, parce qu'elle est beaucoup plus complexe et très volontaire. Ce «très volontaire» est un obstacle sérieux à la clairvoyance de ce qui compte le plus – parce que ce «très volontaire» empêche l'instinct de surgir en toute évidence.

in Aragon,
Henri Matisse, roman,
Gallimard, 1971

Contre le formalisme

Les règles n'ont pas d'existence en dehors des individus : sinon aucun professeur ne le céderait en génie à Racine. N'importe qui d'entre nous est capable de redire de belles sentences, mais bien peu de ceux qui les auront dites, en auront pénétré le sens. Qu'il se dégage un ensemble de règles qu'on trouvera chez Manet ou chez Renoir, je suis prêt à l'admettre, mais les règles qu'on trouvera chez Manet ou chez Renoir sont celles qui convenaient à leur nature et je préfère la moindre de leur peintures à toutes celles des peintres qui se sont contentés de démarquer la *Vénus au petit chien* ou la *Vierge au chardonneret*. Ces derniers ne donneront le change à personne, car bon gré mal gré, nous appartenons à notre temps et nous partageons ses opinions, ses sentiments et même ses erreurs. Tous les artistes portent l'empreinte de leur époque, mais les grands artistes sont ceux en qui elle est marquée le plus profondément. Celle où nous sommes, Courbet la représente mieux que Flandrin, Rodin mieux que Frémiet. Que nous le voulions ou non, et quelque insistance que nous mettions à nous y dire exilés, il s'établit entre elle et nous une solidarité à laquelle M. Peladan lui-même ne saurait échapper. Car c'est peut-être ses livres que les esthéticiens de l'avenir prendront comme exemple, quand ils se mettront en tête de prouver que personne de nos jours n'a rien compris à l'art de Léonard de Vinci.

Henri Matisse,
Ecrits et propos sur l'art,
op. cit.

Comment naît un tableau

Un tableau est une lente élaboration. Dans une première séance, je note des sensations fraîches et superficielles. Il y a quelques années, ce résultat parfois me suffisait. Si je m'en contentais aujourd'hui, alors que je pense voir plus loin, il resterait un vague dans mon tableau : j'aurais enregistré les sensations fugitives d'un moment qui ne me définiraient pas entièrement, et que je reconnaîtrais à peine le lendemain. Je veux arriver à cet état de condensation des sensations qui fait le tableau. Je pourrais me contenter d'une œuvre de premier jet, mais elle me lasserait de suite, et je préfère la retoucher pour pouvoir la reconnaître plus tard comme une représentation de mon esprit. A une autre époque, je ne laissais pas mes toiles accrochées au mur, parce qu'elles me rappelaient des moments de surexcitation, et je n'aimais pas à les revoir étant calme. Aujourd'hui, j'essaye d'y mettre de la sérénité, et je les reprends tant que je n'ai pas abouti.

Henri Matisse,
Ecrits et propos sur l'art, op. cit.

Le long temps du regard

Pour peindre, commencez par regarder longtemps et attentivement votre modèle ou sujet, et décidez de votre schéma général de coloris. Ceci doit prévaloir. Quand vous peignez un paysage, vous le choisissez pour certaines beautés – taches de couleurs, possibilités de composition. Fermez les yeux et représentez-vous le tableau; puis mettez-vous au travail, en gardant toujours ces caractéristiques comme traits dominants du tableau. Et il vous faut de suite indiquer ce que vous voudrez trouver dans l'œuvre achevée. Tout doit être envisagé corrélativement en cours de travail – rien ne peut être ajouté.

Il faut s'arrêter de temps à autre pour considérer le sujet (modèle, paysage, etc.) dans son ensemble. Ce que vous poursuivez avant tout, c'est l'unité. En matière de couleur, de l'ordre avant tout. Mettez sur la toile trois ou quatre touches de couleurs que vous avez comprises; ajoutez-en encore une si vous le pouvez. Sinon mettez la toile de côté et recommencez.

Henri Matisse,
Ecrits et propos sur l'art, op. cit.

Matisse après Matisse

*Matisse aime apprendre.
Et se plaît – un temps – à
enseigner. Mais la peinture
résulte d'un apprentissage
solitaire. D'où sa méfiance
pour les avant-gardes.
Seules les individualités
sont remarquables.*

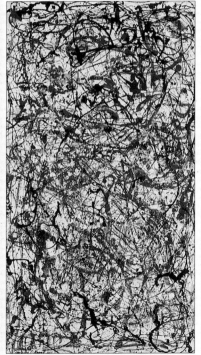

Jackson Pollock : *Number 26 A «Black and White»*, 1948.

De Renoir à Pollock

*Plus attentif que Picasso aux nouvelles
générations, Matisse est aussi plus réservé
pour juger ce qui vient après lui.*

Au cours d'une de nos visites, Matisse
nous montra des catalogues que son fils
Pierre, marchand de tableaux à New
York, lui avait envoyés pour l'informer
des tendances de l'art américain. Ils
contenaient des reproductions de
tableaux de Jackson Pollock et autres
peintres de cette école.

«J'ai l'impression que je suis
incapable de juger ce genre de peinture,
dit Matisse, pour la simple raison qu'on
ne peut jamais juger objectivement ce
qui vient après soi. On sait apprécier les
maîtres du passé, et même les
contemporains. Parmi les jeunes, je
comprends un peintre qui ne m'a pas
totalement oublié, même s'il va au-delà
de moi. Mais à partir du moment où il ne
se réfère plus du tout à ce qui, pour moi,
est peinture, je ne le comprends plus. Je
ne peux davantage le juger. Cela me
dépasse complètement. Autrefois,
j'aimais beaucoup la peinture de Renoir.
Vers la fin de la Première Guerre, je
séjournais dans le Midi. Renoir était très
âgé; comme je l'admirais beaucoup,
j'allai le voir dans sa maison de Cagnes,
Les Collettes. Il me reçut cordialement
et je lui présentai quelques-unes de mes
toiles, pour connaître son opinion. Il les
regarda d'un air plutôt désapprobateur.
Puis il dit : "A la vérité, je n'aime pas ce
que vous faites. J'aimerais presque dire
que vous n'êtes pas un bon peintre, ou
même que vous êtes un très mauvais
peintre. Mais une chose m'en empêche;
quand vous placez un noir, sur la toile, il
reste à son plan. Toute ma vie, j'ai pensé
qu'on ne pouvait s'en servir sans rompre
l'unité chromatique de la surface. C'est

une teinte que j'ai bannie de ma palette. Quant à vous, utilisant un vocabulaire coloré, vous introduisez le noir et cela tient. Alors, malgré mon sentiment, je crois que vous êtes sûrement un peintre."»

Matisse souriait : «Vous voyez, il est très difficile de comprendre la génération qui nous suit. Petit à petit, avançant dans la vie, on crée non seulement une œuvre, mais la doctrine esthétique qui la définit. On établit ses propres valeurs, et on les codifie, au moins dans une certaine mesure, comme un absolu. Il devient alors plus difficile de comprendre un style dont l'origine se situe au-delà de notre point d'arrivée. Quand nous nous définissons, le mouvement de la peinture nous contient un moment, nous absorbe, et nous ajoutons peut-être un maillon à la chaîne. Puis, l'histoire, se poursuit, nous dépasse, nous rejette, et nous ne comprenons plus.»

L'air sarcastique, Pablo répondit : «Quelle sagesse! C'est du bouddhisme de pacotille!» Il secoua la tête. «Je ne suis pas du tout d'accord, et je me moque de pouvoir ou non juger ce qui vient après moi. Je suis contre ce genre de peinture : je crois que c'est une erreur de se laisser complètement aller, et de se perdre dans un geste. Cette foi en l'acte pur me déplaît énormément. Ce n'est pas que je m'accroche à une conception rationnelle de la peinture. Je n'ai rien de commun avec un homme comme Poussin, par exemple. De toute façon, notre inconscient est si fort qu'il s'exprime toujours d'une manière ou d'une autre, en dépit de nous. Alors pourquoi se livrer à lui délibérément? Pendant l'époque surréaliste, l'écriture automatique était à la mode. C'était une gageure, au moins dans une certaine mesure; il est difficile, sinon impossible, d'être authentique. Il y a toujours un moment où l'on arrange un peu. Même

les textes automatiques surréalistes étaient quelquefois corrigés. Alors, pourquoi ne pas admettre qu'on se sert de tout le substrat de l'inconscient, mais qu'on le tient en main? Cela ne veut pas dire que je prêche pour un mode de pensée rationnelle qui aille de déduction en déduction, d'un principe à ses conséquences inéluctables. Ma pensée, quand je peins, est souvent une suite de coq-à-l'âne, une série de sauts d'un sommet à l'autre. C'est ce qu'on pourrait appeler une pensée de somnambule. Ce qui ne veut pas dire qu'il ne puisse s'agir d'un rêve dirigé, d'une induction qui serait aussi loin de l'automatisme pur que de la pensée rationnelle.»

Françoise Gilot, Carlton Lake, *Vivre avec Picasso*, Paris, Calman-Lévy, 1965

«Il n'y a rien à comprendre»

A l'heure de la littérature engagée, Matisse plaide pour l'autonomie de l'artiste.

On me demande, par exemple, ce que je pense des peintres engagés. Comment peut-on s'engager alors que pour travailler valablement on ne s'appartient jamais assez à soi-même? Pourquoi aussi chercher à comprendre la peinture moderne? Il n'y a rien à comprendre : il faut sentir, laisser les choses faire d'elles-mêmes, surtout ne pas se forcer. Visitez en quelques jours tous les musées de Florence, Venise, Rome; regardez, pendant un long voyage en train, la campagne se dérouler sous vos yeux. Ce que vous voyez peut être admirable, au bout d'un certain temps, l'esprit se fatigue, n'assimile plus, ne retient plus. Cette beauté à votre portée vous échappe. [...]

Un jour, je rencontre Monet, rue Lafitte; il contemplait un de ses paysages printaniers, des arbres en fleurs. Subitement, il se met à frapper la toile de sa canne – mais en prenant soin de n'en donner que ces coups de plat – et se tourne vers Durant-Ruel : «Cela est mauvais. Venez chez moi choisir quelque chose de mieux; vous prendrez ce que vous voudrez.» Combien eussent accepté cette offre alléchante... Durant-Ruel répondit simplement : «Non, cela est bon», et garda la toile. Son honnêteté, son courage, son désintéressement ont été à la base de son succès.

Macula, n° 1, 1976

Matisse selon Masson

Ou l'image du professeur «parfaitement logique par rapport à lui-même» tempérée par «l'oasis Matisse».

Ah, l'homme était imposant! L'homme était imposant, avec un aspect un peu froid, rigide. [...] C'était un homme très froid, réfléchi, froid d'aspect, hein? Réfléchi; et ce que je trouvais très bien à cette époque-là tout de même, il pouvait s'intéresser à un peintre beaucoup plus jeune que lui et il s'intéressait à son travail d'une manière qui n'était vraiment pas superficielle. C'est-à-dire qu'il me regardait, avec d'ailleurs énormément de précautions, me demandait comme je procédais, ce qui fait que moi je lui demandais la même chose. [...] En somme, il voulait dire : «L'important, c'est que la peinture ne soit pas littéraire.» Il n'a pas dit le mot «poésie», parce qu'il s'interdisait certainement de le prononcer. On avait déjà assez assommé les gens avec la peinture littéraire, sans parler de la peinture poétique!

André Masson,
Entretiens avec Georges Charbonnier,
Paris, Julliard, 1958

M atisse dans la villa Le Rêve, à Vence, photographie de Henri Cartier-Bresson.

Le professeur selon lui-même

Je pensais qu'il serait bon d'éviter à de jeunes artistes le chemin que je dus parcourir moi-même. Aussi pris-je l'initiative d'ouvrir une Académie dans un couvent de la rue de Sèvres que je transportai ensuite près du Sacré-Cœur, dans un bâtiment qui se trouvait à l'emplacement actuel du Lycée Buffon. De nombreux élèves se présentèrent. Je m'efforçais de corriger chacun en tenant compte de l'esprit dans lequel avaient été conçues ses recherches. Je m'efforçais surtout de leur inculquer le sens de la tradition. Inutile de vous dire combien mes élèves furent déçus de voir qu'un maître, réputé révolutionnaire, pût leur répéter le mot de Courbet : «J'ai

voulu tout simplement puiser dans l'entière connaissance de la tradition le sentiment raisonné et indépendant de ma propre individualité.»

Henri Matisse,
Ecrits et propos sur l'art, op. cit.

L'artiste malgré lui

Le «système de Matisse», pour reprendre l'expression de Marcelin Pleynet, repose sur un enseignement et sur une morale. Mais c'est malgré lui que le peintre en assume la responsabilité.

Le jeune peintre qui ne peut pas se dégager de l'influence de la génération qui le précède va vers l'enlisement.

Pour se préserver de l'envoûtement de l'œuvre de ses aînés immédiats, qu'il estime, il peut chercher de nouvelles sources d'inspiration dans les productions des civilisations diverses, selon ses propres affinités. Cézanne s'est inspiré du Poussin («Faire du Poussin vivant»).

Le peintre ne pourra perdre, s'il est sensible, l'apport de la génération qui l'a précédé, car il est en lui, cet apport, malgré lui. Il est pourtant nécessaire qu'il s'en dégage pour donner lui-même et à son tour une chose nouvelle et de fraîche inspiration.

Un jeune peintre qui doit bien croire qu'il n'a pas tout à inventer, doit surtout ordonner son cerveau par la conciliation des différents points de vue des belles œuvres qui l'impressionnent et, parallèlement, par des interrogations à la nature.

Après avoir pris connaissance de ses moyens d'expression, le peintre doit se demander : «Qu'est-ce que je veux?» et procéder, dans sa recherche, du simple au composé, pour essayer de le découvrir.

S'il sait garder sa sincérité vis-à-vis de son sentiment profond, sans tricherie ni complaisance pour lui-même, sa curiosité ne le quittera pas, ainsi que, jusqu'à l'âge extrême, son ardeur au dur travail et la nécessité d'apprendre.

Quoi de plus beau!

Dites aux jeunes artistes que le métier de peintre n'a rien à voir avec le dilettantisme et qu'il est absolument réfractaire aux effets de modes, de bluff ou de spéculation. La conscience de l'artiste est un miroir pur et fidèle où il doit pouvoir réfléchir son œuvre, chaque jour, au lever, sans crainte d'en rougir. La responsabilité permanente du créateur envers soi-même et envers le monde n'est pas un mot creux : en aidant l'univers à se construire, l'artiste maintient sa propre dignité.

in Raymond Escholier,
Matisse, ce vivant, Paris,
Librairie Arthème Fayard, 1956

BIBLIOGRAPHIE

Ne sont signalés que les ouvrages parus récemment et largement diffusés contenant une bibliographie.

- Henri Matisse, *Écrits et propos sur l'art*, édition établie par D. Fourcade, Paris, Hermann, 1972.

Synthèses

- Louis Aragon, *Henri Matisse, Roman*, Gallimard (2 vol.), Paris, 1971.
- Lydia Delectorskaya, *L'Apparente Facilité, Henri Matisse*, Adrien Maeght, Paris, 1986.
- Jack Flam, *Matisse, The Man and His Art, 1869-1918*, Thames and Hudson Ltd, Londres, 1986.
- Xavier Girard, Christian Arthaud, *Hommage à Matisse*, Vence, 1990.
- Jean Guichard-Meili, *Matisse*, Somogy, Paris, 1986.
- Margrit Hahnloser, *Matisse*, bibliothèque des Arts, coll. «Maîtres de la gravure», Paris, 1987.
- John Jacobus, *Henri Matisse*, Ars Mundi, Paris, 1989.
- Gilles Néret, *Matisse*, Nouvelles Editions françaises, Paris, 1991.
- Bernard Noël, *Matisse*, Hazan, Paris, 1987.
- Marcelin Pleynet, *Henri Matisse*, La Manufacture, coll. «Qui êtes-vous?», Lyon, 1988.
- Pierre Schneider, *Matisse*, Flammarion, Paris, 1984.

Catalogues

- *Henri Matisse, The Early Years in Nice, 1916-1930*, National Gallery of Art, Washington, 1986.
- *Henri Matisse - Matisse et l'Italie*, Editions Arnoldo Mondadori, Milan, 1987.
- *Matisse*, Centre Georges-Pompidou, collections du Musée national d'art moderne, Paris, 1987.
- *Matisse in Marocco*, 1912-1913, National Gallery of Art, Washington, 1990.
- *Matisse, sculptures et gravures*, musée des Beaux-Arts, Berne, 1991.
- *Henri Matisse : A Retrospective*, The Museum of Modern Art, New York, 1992.
- *Matisse et Baudelaire*, musée Matisse, Le Cateau-Cambrésis, 1992.

Cahiers Henri Matisse

- *N°1, Matisse et Tahiti*, Nice, 1986.
- *N°2, Matisse : Photographies*, Nice, 1986.
- *N°3, Matisse : L'Art du livre*, Nice, 1986.
- *N°4, Matisse : Ajaccio-Toulouse*, Nice, Toulouse, 1986.
- *N°5, Matisse aujourd'hui*, Nice, 1993.
- *N°6, Henri Matisse : Dessins du musée Matisse*, Adrien Maeght éditeur, 1988.
- *N°7, Les Chefs- d'œuvre du musée Matisse*, Réunion de musées nationaux, Paris, Dijon, 1991.
- *N°8, La Chapelle de Vence, 1948-1951*, Réunion de musées nationaux, Paris, Vence, 1992.
- *N°9, Matisse «Comme dans les dahlias»*, Grace, 1992.
- *N°10, Matisse : La Danse*, Cannes, 1993.

Catalogues raisonnés

- Marguerite Duthuit-Matisse, Claude Duthuit, *Henri Matisse, Catalogue raisonné de l'œuvre gravé*, Paris, 1983.
- Claude Duthuit, *Henri Matisse, catalogue raisonné des ouvrages illustrés*, Paris, 1988.

TABLE DES ILLUSTRATIONS

photographie.
38g *Paysage de Saint-Tropez*, 1904, crayon graphite sur papier, 31 x 20 cm. Musée Matisse, Nice.
38d Portrait de Signac, photographie, vers 1907.
39g *Terrasse, Saint-Tropez*, 1904, huile sur toile, 72 x 58 cm. Isabella Stewart Gardner Museum, Boston. Gift of Thomas Whittemore.
39d *Golfe de Saint-Tropez* ou *Le Goûter*, 1904, huile sur toile, 65 x 50,5 cm. Kunstsammlung Nordrhein-Westfalen, Düsseldorf.
40/41 *Luxe, Calme et Volupté*, 1904, huile sur toile, 86 x 116 cm. Musée d'Orsay, Paris.
41d *Etude de pin* (Etude pour *Luxe, Calme et Volupté*), 1904, crayon Conté sur papier, 31,1 x 33,7 cm. Musée Matisse, Nice.
42g *Intérieur à Collioure* ou *La Sieste,* 1905, huile sur toile, 59 x 72 cm. Collection particulière, Zurich.
42d Couverture du catalogue de la XXIe exposition de la Société des Artistes indépendants, 1905.
43 *Fenêtre ouverte à Collioure,* 1905, huile sur toile, 55,2 x 46 cm. Collection de Mrs. John Hay Whitney.
44 *Paysage à Collioure,* 1905, huile sur toile, 46 x 55 cm. Statens Museum for Kunst, Copenhague.

45h *Paysage de Collioure,* 1905, plume et encre de chine sur papier, 48,3 x 63 cm. Musée Matisse, Nice.
45b André Derain, *Portrait d'Henri Matisse,* 1905, huile sur toile. Musée Matisse, Nice.
46g *La Femme au chapeau,* 1905, huile sur toile, 80,6 x 59,7 cm. San Francisco Museum of Art. Bequest of Elise S. Haas.
46d *Portrait de Mⁿᵉ Matisse à la raie verte,* 1905, huile sur toile, 40,5 x 32,5 cm. Statens Museum for Kunst, Copenhague.
47 *Le Bonheur de vivre,* 1905-1906, huile sur toile, 174 x 238,1 cm. Fondation Barnes, Merion.

CHAPITRE III

48 *La Desserte, harmonie rouge* (détail), 1908, huile sur toile, 180 x 220 cm. Musée de l'Ermitage, Saint-Pétersbourg.
49 *Nu couché,* 1906, crayon graphite sur quatre feuilles, format total environ 41,5 x 58,5 cm. Musée Matisse, Nice.
50g Alexandre Cabanel, *Naissance de Vénus,* huile sur toile, 130 x 225 cm. Musée d'Orsay, Paris.
50/51 *Nu couché (I),* 1906-1907, bronze, 34,3 x 50,2 x 28,6 cm. Musée national d'Art moderne, centre Georges-Pompidou.
51 *Nu bleu, souvenir*

de Biskra, 1907, huile sur toile, 92,1 x 140,1 cm. The Baltimore Museum of Art. The Cone Collection formed by Dr. Claribel Cone and Miss Etta Cone of Baltimore.
52 Fragment du *Tryptique Osthaus* (partie gauche), 1907-1908, carreaux de céramique polychrome, 58,5 x 39 cm. Musée Matisse, Nice.
53g *Assiette au nu,* 1907, céramique, diamètre 35 cm. Collection particulière.
53hd *Plat fleuri,* 1907, céramique, diamètre 35,2 cm. Musée Matisse, Nice. Donation Marie Matisse, 1992.
53md *Assiette, tête d'enfant aux fleurs,* 1907, céramique, diamètre 23,5 cm. Collection particulière.
54h Matisse avec sa femme et sa fille Marguerite dans l'atelier de Collioure, photographie, 1907. Archives Matisse, Paris.
54b *Deux Négresses,* 1908, bronze, 47 x 24 x 17 cm. Musée Matisse, Nice.
55g *Luxe II,* 1907-1908, huile sur toile, 209,5 x 139 cm. Statens Museum for Kunst, Copenhague.
55d *Etude pour «Luxe I»,* 1907. Musée national d'Art moderne, centre

Georges-Pompidou, Paris.
56h *Joueurs de boules,* 1908, huile sur toile, 113,5 x 145 cm. Musée de l'Ermitage, Saint-Pétersbourg.
56b *Nu debout,* 1907-1908, encre et plume sur calque, 64,4 x 24,1 cm. Musée Matisse, Nice.
57 *Baigneuses à la tortue,* 1908, huile sur toile, 179,1 x 220,3 cm. The Saint Louis Art Museum. Gift of Mr. and Mrs. Joseph Pulitzer.
58h Matisse dans l'appartement de Michael et Sarah Stein situé rue Madame à Paris, photographie, vers 1907.
58/59b Matisse au milieu de ses élèves de l'académie Matisse, photographie, 1909. Archives Matisse, Paris.
59 *La Desserte, harmonie rouge,* 1908, huile sur toile, 180 x 220 cm. Musée de l'Ermitage, Saint-Pétersbourg.
60 *Etude de Pied,* 1909, bronze. hauteur 30 cm. Direction de musées de France, donation Jean Matisse, en dépôt au Musée Matisse, Nice.
61 *La Danse (I)* 1909, huile sur toile, 259,7 x 390,1 cm. The Museum of Modern Art, New York. Gift of Nelson A. Rockefeller in honor of Alfred H. Barr Jr.
62/63 *La Musique,* 1909-1910, huile sur

INDEX

L' atelier de Matisse, dans la villa Le Rêve, vers 1946.

CRÉDITS PHOTOGRAPHIQUES

Hélène Adant/D.R./Documentation MNAM, Paris 110, 124h, 134/135, 149, 152, 157. Archives Matisse, Paris 13b, 15, 16, 26g, 27b, 28h, 30/31h, 31hd, 32, 34b, 43, 46g, 48, 53g, 53md, 54h, 56h, 58/59b, 59, 64, 66h, 67, 68h, 68b, 70/71, 72, 73b, 76h, 77, 78g, 78d, 79d, 80hg, 81hg, 89, 91, 92h, 95, ,96, 98/99, 102hg, 103h, 104h, 107, 112/113h, 115, 116b, 123, 127, 150, 151. Arterphot/Held 23. Artephot/M. Plassart 27h, 33b. Artothek/Blauel/Gramm 66b. The Baltimore Museum of Art 51, 106, 114b. The Barnes Foundation, Merion (Pennsylvanie) 47. Maurice Bérard, Nice 146/147. Brassaï © Gilberte Brassaï, Paris 121h. The Bridgeman Art library, Londres 82/83. J.-L. Charmet, Paris 100hd. Lydia D. 114h. Droits réservés 12, 31md, 33h, 37d, 38d, 42d, 58h, 66/67b, 73h, 74h, 74b, 79g, 80hd, 81hd, 85d, 101, 117h, 129, 130, 140, 144. Jacqueline Duhême, Paris 142. Flammarion, Paris 10, 76m, 76/77b, 120. Giraudon, Paris 34h, 42g, 105. Giraudon/Lauros 102hd. Lucien Hervé 121b. Hanz Hinz, Allschwill 69. Isabella Stewart Gardner Museum, Boston 39g. Dimitri Kessel, Paris 124b. Keystone, Paris Dos. Kunstsammlung Nordrhein-Westfalen, Düsseldorf 39d. Magnum/Henri Cartier-Bresson 137, 143, 164/165. Musée des Beaux-Arts de Bordeaux 26b. Musée historique de Montmartre, Paris 84h. Musée Matisse, Le Cateau-Cambrésis 11, 14b, 17, 18b, 36, 93h, 94b, 103b. Musée Matisse, Le Cateau-Cambrésis/Adam Rzepka 102b. Musée Matisse, Nice 6/7, 13h, 14h, 19g, 21, 22b, 25, 29, 35h, 37g, 41d, 45h, 45b, 49, 52,, 53hd, 56b, 86b, 87h, 108, 109h, 109b, 111, 112/113h, 116h, 125, 126d, 128, 133, 155, 159. Musée Matisse, Nice/H. del Olmo 20h, 35b, 54b, 60, 65, 104b. Musée national d'Art moderne, centre Georges-Pompidou, Paris 22h, 90, 118, 122. Musée national d'Art moderne, centre Georges-Pompidou/Philippe Migeat 31b, 50/51, 55d, 88g, 94hd, 117b, 126g. Musée national d'Art moderne, centre Georges-Pompidou, Paris © by SPADEM 1993 162. The Museum of Modern Art, New York 1er et 2e plat, 2/3, 61, 75, 80b, 84b, 87b. André Ostier, Paris 154. Paris-Match/Hubert de Segonzac 141. The Philadelphia Museum of Art 85g, 97, 119. Photothèque des musées de la Ville de Paris/SPADEM 1993 112/113m. Rapho/Robert Doisneau 138. Réunion des Musées nationaux, Paris 18h, 19d, 24, 40/41, 50g. Réunion des Musées nationaux, Paris © by SPADEM 1993 88d. Roger-Viollet 86h, 92/93b, 100g, 100bd. Roger-Viollet/LL 28b. Roger-Viollet/ND 20b. Roger-Viollet/Sauvageot 174. The Saint Louis Art Museum 57. Scala, Florence 1, 4/5, 62/63. Roger Schall, Paris 153. Statens Museum for Kunst, Copenhague/Hans Petersen 9, 44, 46d, 55g, 94hg.

REMERCIEMENTS

L'éditeur remercie Claude Duthuit et Wanda de Guebriant , ainsi que Jacqueline Duhême.

COLLABORATEURS EXTÉRIEURS

Perrine Cambournac a assuré le suivi rédactionnel. Any-Claude Médioni a effectué la recherche iconographique. Dominique Guillaumin a réalisé la maquette des Témoignages et Documents. Béatrice Peyret-Vignals s'est chargée de la lecture-correction.

Table des matières